Rosemarie Franke

Moderne Diät bei erhöhtem Harnsäurespiegel und Gicht

Köstliche Rezepte mit praktischen Abwandlungen für die ganze Familie, mit Diätkompaß und Harnsäure-Tabelle

Einführung:
Prof. Dr. med. Wolfgang Gröbner

GU

Gräfe und Unzer

Umschlag-Vorderseite
Pikante Lasagne ist eine bei vielen beliebte italienische Spezialität, die durch den Frischkäse in der Füllung eine reizvolle neue Geschmacksnuance bekommt. Rezept Seite 60.
2. Umschlagseite
Das geschnetzelte Lammfleisch schmeckt so delikat, daß Sie es kaum für ein Diätgericht halten werden. Broccoli und Reis passen gut dazu. Rezepte Seite 51 und 55.
3. Umschlagseite
Ein Dessert, das wenig Mühe macht, geschmacklich und optisch aber unübertrefflich ist, bereiten Sie mit Melone und Himbeeren zu. Rezept Seite 68.

CIP-Kurztitelaufnahme der Deutschen Bibliothek

Franke, Rosemarie:
Moderne Diät bei erhöhtem Harnsäurespiegel und Gicht: köstl. Rezepte mit prakt. Abwandlungen für d. ganze Familie, mit Diätkompaß u. Harnsäure-Tab. / Rosemarie Franke. Einf.: Wolfgang Gröbner. – 2. Aufl. – München: Gräfe und Unzer, 1988. (Moderne Diät)
Frühere Ausg. u. d. T.: Franke, Rosemarie: Moderne Diät bei Gicht/Neuausg., 1
ISBN 3-7742-2051-4

2. Auflage 1988

Redaktion: Antje Schunka-Späth
Herstellung: Robert Gigler
Farbfotos: Fotostudio Teubner (Umschlag-Vorderseite, Seite 9, 28, 63), Susi und Pete A. Eising (Seite 10, 27, 64), Ulrich Kopp (2. Umschlagseite, Seite 45, 46, 3. Umschlagseite)
Zeichnungen: Gerlind Bruhn
Umschlaggestaltung: Heinz Kraxenberger
Reproduktionen: Brend'amour, Simhart & Co.
Satz, Druck und Bindung: Ludwig Auer GmbH
ISBN 3-7742-2051-4

Prof. Dr. med. Wolfgang Gröbner
ist Chefarzt der Inneren Abteilung der Krankenanstalten des Zollernalbkreises, Kreiskrankenhaus Balingen. Er liefert in seiner knappen »Medizinischen Einführung« den wissenschaftlichen Unterbau. Hier werden der erhöhte Harnsäurespiegel und die Stoffwechselkrankheit Gicht sowie die Wirkungsweise der Diät erklärt.

Rosemarie Franke
ist staatlich geprüfte Diätassistentin und Ernährungsberaterin. Nach ihrem Examen sammelte sie praktische Erfahrung in Klinik, Kurhotel und Diätschule. Anschließend war sie als Diätassistentin am Institut für Ernährungsberatung und Diätetik der DGE (Deutsche Gesellschaft für Ernährung) an der Universität Düsseldorf tätig. Von 1976 bis 1984 hatte sie einen Lehrauftrag an der Universität Paderborn (Gesamthochschule) für den Fachbereich Haushaltswissenschaft. Vorträge über allgemeine Ernährung und spezielle Diätetik sowie Publikationen für Erwachsene und Kinder zum Thema Ernährung stehen heute im Mittelpunkt ihrer Arbeit. Daneben wirkt sie an Hörfunk- und Fernsehsendungen über zeitgemäße Ernährung mit. Drei Titel der Reihe MODERNE DIÄT wurden bereits von der Gastronomischen Akademie Deutschlands prämiert.

Wichtiger Hinweis und Warnung
Die in diesem Diät-Kochbuch enthaltenen Ratschläge und Rezepte stammen von Fachleuten und sind erprobt. Die medizinische Forschung auf diesem Gebiet ist nicht abgeschlossen. Zu Einzelfragen werden auch von namhaften Wissenschaftlern abweichende Meinungen vertreten. Darüber hinaus reagiert jeder Organismus anders. Deshalb darf eine Diät zur Linderung von Beschwerden oder Krankheiten – ebenso wie jedes Medikament – nicht ohne Rücksprache mit dem Arzt durchgeführt werden. Sprechen Sie also unbedingt zunächst mit Ihrem Hausarzt, bevor Sie mit der Diät beginnen.

Inhalt

Ein Wort zuvor

Möglicherweise hat Sie ein akuter schmerzhafter Gichtanfall zum Arzt geführt. Dieser hat festgestellt, daß der Harnsäurespiegel in Ihrem Blut erhöht ist, und er verordnet neben der medikamentösen Behandlung eine Diät. Wird Ihnen das Essen und Trinken nun keine Freude mehr machen?
Dieser GU Ratgeber aus der erfolgreichen Reihe MODERNE DIÄT will Ihnen das Gegenteil beweisen. Er wurde völlig neu bearbeitet, aktualisiert und mit besonders reizvollen Rezept-Ideen, auch aus der Vollwertküche, ausgestattet.
Eine Diät legt natürlich Beschränkungen auf, denn die betroffenen Organe müssen geschont und der Stoffwechsel muß entlastet werden. Daß eine Diät aber wirkungsvoll und zugleich abwechslungsreich und schmackhaft sein kann, werden Sie feststellen, wenn Sie nach den Rezepten dieses Buches kochen.
Die Diät bei erhöhtem Harnsäurespiegel und bei Gicht hat als Wichtigstes die Aufgabe, das Körpergewicht zu normalisieren und gleichzeitig den Harnsäurespiegel im Blut zu senken. Das bedeutet, daß Sie Nahrungsmittel meiden müssen, die viel Harnsäure beziehungsweise Purine enthalten. Die Diät soll außerdem ballaststoffreich, fettarm und zuckerfrei (also kalorienarm) sein, denn nicht selten sind Patienten mit erhöhtem Harnspiegel übergewichtig.
Alle diese Forderungen werden in diesem Diät-Ratgeber mit sorgfältig ausgewählten und getesteten Rezepten erfüllt. Die brillanten Farbfotos geben einen optischen Vorgeschmack dessen, wie vielseitig Sie sich trotzdem ernähren können. Schwierigere Arbeitsvorgänge werden in Schritt-für-Schritt-Fotos gezeigt, und Zeichnungen, praktische Tips und Tabellen bieten zusätzliche Informationen.
Jedes Rezept enthält Nährwertangaben, damit Sie sofort feststellen können, wieviel Energie, Nährstoffe, Ballaststoffe und Harnsäure Sie damit zu sich nehmen. Exakte Mengen sind bei jeder Diät wichtig, daher sind alle Zutaten in Gramm angeben, zur Erleichterung aber, wo möglich, auch in Löffel oder Stück.
Der vorliegende Ratgeber bietet Ihnen eine moderne Diät, mit deren Hilfe sich Übergewicht reduzieren, ein zu hoher Harnsäurespiegel senken und somit der Gefahr eines Gichtanfalls vorbeugen läßt.
Betroffen von der verordneten Diät ist aber nicht nur der Patient, sondern auch derjenige, der kocht. Deshalb sind alle Rezepte zwar für den Patienten bestimmt, sie können aber problemlos für die übrigen Familienmitglieder abgewandelt werden; entsprechende Hinweise finden Sie beim jeweiligen Rezept. Hinzu kommt, daß es auch für Gesunde von Nutzen ist, weniger Fleisch, Wurst und Fett, dafür mehr Gemüse, Obst und Vollkornerzeugnisse zu essen.
Die medizinischen und diätetischen Empfehlungen beruhen auf aktuellen und gesicherten Erkenntnissen der Wissenschaft.
In der »Medizinischen Einführung« erklärt Prof. Dr. med. Wolfgang Gröbner knapp und verständlich den Zusammenhang zwischen Ernährung, erhöhtem Harnsäurespiegel und Gicht sowie die Notwendigkeit und die Wirkungsweise einer gezielten Diät.
Mein Wunsch ist es, daß auch Ihnen diese Diät hilft, daß alles leicht gelingt und vorzüglich schmeckt!

Ihre Rosemarie Franke

Joule/Kalorien: Alle Angaben in diesem Diät-Ratgeber bedeuten Kilojoule oder Kilokalorien – in den Nährwertberechnungen abgekürzt kJ und kcal – auch wenn umgangssprachlich von »Joule« oder »Kalorie« die Rede ist.

Medizinische Einführung

Prof. Dr. med. Wolfgang Gröbner

Chefarzt der Inneren Abteilung der Krankenanstalten des Zollernalbkreises, Kreiskrankenhaus Balingen.

Die Fehlernährung unserer Wohlstandsgesellschaft hat in den Nachkriegsjahren zu einer deutlichen Zunahme der Stoffwechselkrankheiten geführt. Neben der Zuckerkrankheit und den Fettstoffwechselstörungen betrifft dies insbesondere auch die Gicht. Sie ist in Zeiten der Not selten, in Zeiten des Wohlstandes jedoch eine häufige Krankheit. Man kann davon ausgehen, daß etwa 3% aller Männer, die das 65. Lebensjahr erreichen, an Gicht erkranken. Bei Frauen tritt die Gicht seltener auf, und zwar vorwiegend nach den Wechseljahren.

Was versteht man unter Gicht?

Die Gicht beruht auf einer Störung des Harnsäurestoffwechsels, wobei es zu einer Vermehrung der Harnsäure im Körper und den Körperflüssigkeiten, also auch im Blut, kommt. Der erhöhte Harnsäuregehalt in den Körperflüssigkeiten verursacht für sich allein keine Beschwerden, er führt jedoch in Abhängigkeit von seiner Höhe und der Dauer seines Bestehens zu mehr oder weniger umfangreichen Ablagerungen von Harnsäure an bestimmten Stellen des Körpers, insbesondere den Gelenken und der Niere, und verursacht dadurch zum Beispiel Gelenkentzündungen oder Nierensteinkoliken. In den meisten Fällen beruht die Gicht auf einem angeborenen Stoffwechseldefekt, man spricht von *primärer Gicht.* Ist in der Familie des Patienten eine Gicht bekannt, so muß auch bei dem Patienten an diese Diagnose gedacht werden. Von *sekundärer Gicht* spricht man dann, wenn eine andere Erkrankung (bestimmte Blutkrankheiten, Nierenkrankheiten) gichtische Erscheinungen hervorruft.

Wie äußert sich Gicht?

Überschreitet die Harnsäurekonzentration einen bestimmten Grenzwert im Blut (6,4 mg/100 ml) und den Körperflüssigkeiten, so kommt es zur Ablagerung von Harnsäure in einer Reihe von Organen, vor allem in den Gelenken, den Knochen, den Schleimbeuteln, dem Bindegewebe der Haut, dem Knorpel sowie in der Niere.
Der Gichtanfall ist meist das erste Symptom einer Gicht. Er ist durch plötzlichen Beginn aus voller Gesundheit, enorme Schmerzhaftigkeit sowie eine ausgeprägte Schwellung und Rötung des betroffenen Gelenkes charakterisiert. Allgemeinreaktionen wie Fieber können das Krankheitsbild begleiten. Am häufigsten (in 80% der Fälle) wird das Großzehengrundgelenk (»Zipperlein«, »Podagra«) vom Gichtanfall betroffen.
Der Gichtanfall kann jedoch auch die Sprunggelenke und Fußwurzeln, die Kniegelenke, Fingergelenke sowie Handgelenke befallen. Gelenke der kleinen Zehen, Schulter, Hüfte und Ellenbogen werden nur selten betroffen. Nach Abklingen eines akuten Gichtanfalls ist der Patient beschwerdefrei, das Gelenk wieder voll belastungsfähig. Nicht selten ist auch eine Schleimbeutelentzündung im Bereich des Ellenbogens oder eine Sehnenscheidenentzündung das erste Anzeichen einer Gicht.
Treten Gichtanfälle im selben Gelenk wiederholt auf, so kann es im Laufe der Jahre zur Zerstörung des Gelenkes und Ausbildung schwerer Gelenkdeformierungen kommen. Es hat sich das Bild einer *chronischen Gelenkgicht* entwickelt. Bei unbehandelter Gicht können auch Harnsäureablagerungen im Knochen (*Knochentophi*) sowie im Bindegewebe unter der Haut (*Weichteiltophi,* »Gichtknoten«) auftreten. Weichteiltophi im Bereich der Ohrmuschel werden auch als *Gichtperle* bezeichnet. Brechen Harnsäureablagerungen im Gewebe durch die Haut nach außen, spricht man von einem *Gichtgeschwür.* Harnsäureablagerungen in der Niere führen zu

einer chronischen Nierenschädigung (*Gichtniere*) mit Einschränkung der Nierenfunktion und Entwicklung eines Bluthochdrucks. Außerdem können *Harnsäuresteine* durch Auskristallisation der schwer löslichen Harnsäure in der Niere und den Harnwegen entstehen. Sie verursachen schmerzhafte Koliken und begünstigen das Auftreten einer Infektion durch Bakterien. Eine Nierensteinkolik oder eine Gichtniere können dem ersten Gichtanfall um Jahre vorausgehen.

Entstehung und Ausscheidung der Harnsäure im Körper des Menschen

Harnsäure ist das Endprodukt des Purinstoffwechsels beim Menschen. *Purine* sind lebenswichtige Bestandteile jeder Zelle und in Form von Nukleinsäuren Träger genetischer Informationen in den Zellkernen. Sie sind außerdem wichtige Bestandteile der Ribosomen, die für die Eiweißbildung verantwortlich sind. Für die Ausstattung neuer Zellen werden fortlaufend Purine gebildet, beim Zelluntergang dagegen werden Purine freigesetzt und zu Harnsäure abgebaut.
Die aus dem Abbau körpereigener Purine entstehende Harnsäure beträgt pro Tag 350 bis 400 mg, das heißt unter purinfreier Ernährung werden bis zu 400 mg Harnsäure täglich im Körper gebildet. Man bezeichnet diese Harnsäure auch als *endogene Harnsäure*.
Harnsäure entsteht im menschlichen Körper jedoch auch durch den Abbau von mit der Nahrung zugeführten Purinen. Diese Nahrungspurine kommen in allen Lebensmitteln vor, die Zellen enthalten, vorwiegend in Innereien, Fleisch und Fisch, nicht dagegen in Milch und Milchprodukten sowie in pflanzlichen Speicherstoffen wie Stärke. Die aus Nahrungspurinen gebildete Harnsäure, die auch als *exogene Harnsäure* bezeichnet wird, beträgt bei purinarmer Kost bis zu 300 mg täglich. Bei freier Kostwahl dagegen können Werte von 600 bis 800 mg Harnsäure pro Tag erreicht werden.

Im menschlichen Körper kann Harnsäure nicht weiter abgebaut werden. Sie wird deshalb ausgeschieden. Etwa 20 bis 30% der anfallenden Harnsäure werden in den Darm ausgeschieden und dort von Bakterien abgebaut, so daß im Stuhl keine Harnsäure nachweisbar ist. Der Hauptanteil der gebildeten Harnsäure, nämlich 70 bis 80%, wird über die Niere eliminiert.

Wie kommt es zu einem erhöhten Harnsäurespiegel im Blut?

Bildung und Ausscheidung der Harnsäure sind normale Stoffwechselvorgänge des menschlichen Organismus und beim Gesunden aufeinander abgestimmt. Der Harnsäurebestand des Körpers beträgt beim Gesunden weniger als 1 g, der Harnsäurespiegel im Blut weniger als 6,4 mg/ 100 ml. Bei Patienten mit angeborener Gichtanlage ist in etwa einem Prozent der Fälle die körpereigene Harnsäurebildung erhöht, in den meisten Fällen (etwa 99%) jedoch die Harnsäureausscheidung in der Niere gestört. Als Folge davon nimmt der Harnsäurebestand des Körpers und damit auch der Harnsäurespiegel im Blut zu.
Der erhöhte Harnsäurespiegel im Blut wird als *»Hyperurikämie«* bezeichnet. Diese anlagebedingte Stoffwechselstörung ist nicht heilbar. Der Ausbruch der Gichterkrankung wird jedoch durch übermäßige und falsche Ernährung, reichlichen Alkoholgenuß und Übergewicht begünstigt. Hier setzt die diätetische Behandlung der Gicht an. Bei Patienten ohne angeborenen Stoffwechseldefekt können Blut- oder Nierenkrankheiten einen erhöhten Harnsäurespiegel verursachen. In diesen Fällen spielt die Behandlung der Grunderkrankung die entscheidende Rolle; sind Diätvorschriften notwendig, so entsprechen sie denjenigen der echten Gicht. Auch bestimmte Arzneimittel (zum Beispiel salicylsäurehaltige Medikamente wie Aspirin in niedriger Dosis, Diuretika = harntreibende Medikamente) erhöhen den Harnsäurespiegel im Blut.

Die Behandlung der Gicht

Die Gicht entsteht durch das Auskristallisieren von Harnsäure in den Geweben. Zu dieser Auskristallisierung kommt es, wenn die Harnsäurekonzentration im Blut und den Körperflüssigkeiten einen bestimmten Grenzwert (im Blut: 6,4 mg/100 ml) überschreitet. Die Therapie der Gicht zielt deshalb darauf hin, den Harnsäurespiegel im Blut auf einen Wert unter 6,4 mg/100 ml zu senken. Neben diätetischen Maßnahmen stehen hierzu auch Arzneimittel zur Verfügung. Die Diätvorschriften stellen jedoch die Basistherapie dar. Die konsequente Einhaltung der Diätvorschriften hilft Arzneimittel einzusparen, in vielen Fällen kann auf eine Arzneimitteltherapie verzichtet werden. Die Entscheidung, ob zusätzlich zu einer Diättherapie ein Arzneimittel eingenommen werden muß, kann nur vom Arzt getroffen werden.
Die Behandlung der Gicht ist eine lebenslange, da die ererbte Gichtanlage bestehen bleibt. Bei Unterbrechung der Therapie tritt die Erkrankung wieder zutage. Mancher Gichtpatient hat dies höchst schmerzhaft erfahren müssen.

Diättherapie der Gicht

Die Diättherapie setzt folgende Ziele:

- eine Verringerung der Zufuhr von Nahrungspurinen (Vorläufer der Harnsäure),
- eine Normalisierung des Körpergewichts sowie
- eine Einschränkung der Alkoholzufuhr.

Anschließend sollen die einzelnen Punkte näher erörtert werden:

Verringerung der Zufuhr von Nahrungspurinen (purinarme Diät)
Die mit der Nahrung zugeführten Purine werden im menschlichen Körper zu Harnsäure abgebaut. Durch Einschränkung der Purinzufuhr mit der Nahrung wird deshalb der Purinstoffwechsel entlastet, es wird im Körper weniger Harnsäure gebildet. Infolgedessen kommt es zu einem Abfall der Harnsäurekonzentration im Blut und den Körperflüssigkeiten. Am wirksamsten ist eine streng purinarme Diät mit einem Harnsäuregehalt von weniger als 120 mg täglich. Diese Diät hat bei unseren heutigen Eßgewohnheiten jedoch wenig Aussicht, dauerhaft eingehalten zu werden. Sie findet deshalb nur in speziellen Fällen Anwendung. Die Diättherapie der Gicht stützt sich deshalb in den meisten Fällen auf die Einhaltung einer purinarmen Kost mit einem Harnsäuregehalt von durchschnittlich 300 mg täglich. Die Ernährung des Gichtkranken soll dabei ausgewogen sein, wobei Eiweiß zu etwa 15%, Fett zu 30–35% und Kohlenhydrate zu etwa 50% den Energiebedarf decken.

Ein Beispiel:
Pro Tag 9210 kJ/2200 kcal, davon etwa 15% = 80 g Eiweiß, 30–35% = 83 g Fett, etwa 50% = 268 g Kohlenhydrate.

Purine sind vorwiegend in zellreichen Organen wie Leber, Niere, Bries und Lunge enthalten. Diese Nahrungsmittel sind für den Gichtkranken verboten. Auch Ölsardinen, Sardellen und Sprotten sollten wegen ihres hohen Puringehaltes nicht verzehrt werden.
Die purinarme Diät kann jedoch täglich eine Fleischportion von 100–125 g enthalten. Zwischen »hellem« und »rotem« Fleisch besteht dabei bezüglich des Puringehaltes kein nennenswerter Unterschied. Gekochtes Fleisch hat den Vorteil, daß ein Teil der Purine in das Kochwasser übergeht. Der tägliche Eiweißbedarf (etwa 0,8 g pro Kilogramm Körpergewicht) sollte durch die Zufuhr von Milch- und Milchprodukten als purinfreien Eiweißquellen gedeckt werden. Eier, Kartoffeln, Teigwaren, verschiedene Salate, Obst, Butter, Margarine und Pflanzenöle sind erlaubt. Hülsenfrüchte wie Linsen, Erbsen oder Bohnen, aber auch Spinat sind dagegen einzu-

schränken, da sie pro 100 g nicht weniger Purine als Fleisch enthalten.
Bei der Erstellung von Diätplänen darf man nicht nur auf den Puringehalt eines Nahrungsmittels pro Gewichtseinheit achten, sondern man muß auch die davon genossene Menge in Rechnung stellen. Purinarme Nahrungsmittel, die in größeren Mengen verzehrt werden, können somit eine wichtige Purinquelle darstellen.
Zum Harnsäuregehalt der wichtigsten Nahrungsmittel siehe Tabelle auf Seite 19.
Die Flüssigkeitszufuhr in Form nichtalkoholischer Getränke sollte in Abhängigkeit von der Jahrestemperatur 2–3 Liter täglich betragen. Durch die Flüssigkeitszufuhr werden die Nieren angeregt, überschüssige Harnsäure mit dem Urin auszuscheiden. Als Getränke sind Wasser, Mineralwasser, Fruchtsäfte und Milch zu empfehlen. Bei Patienten mit kalziumhaltigen Steinen in der Niere und den ableitenden Harnwegen ist die Milchzufuhr jedoch einzuschränken. Kaffee und Tee sind beim Gichtpatienten erlaubt, da die darin enthaltenen Purine nicht zu Harnsäure abgebaut werden.

Normalisierung des Körpergewichtes
Übergewichtige haben höhere Harnsäurespiegel im Blut und den Körperflüssigkeiten als Normalgewichtige. Gewichtsreduktion führt zu einem Abfall des Harnsäurespiegels. Der übergewichtige Gichtpatient sollte deshalb unbedingt sein Sollgewicht beziehungsweise Normalgewicht erreichen (siehe Seite 25).
Die Gewichtsreduktion erfolgt in erster Linie durch Einschränkung der Nahrungszufuhr (Reduktionsdiät). Die Nahrung sollte dabei am besten in Form von 5 kleinen Mahlzeiten eingenommen werden. Mit einer 1000-Kalorien-Diät (1000 kcal = 4186 kJ) kann man pro Woche mindestens 0,5 Kilogramm abnehmen.
Bei einer Reduktionsdiät ist besonders auf eine ausreichende Flüssigkeitszufuhr zu achten, wobei die Urinmenge etwa 2 Liter betragen sollte.
Radikale Abmagerungskuren sind zu vermeiden, da der Harnsäurespiegel im Blut infolge Übersäuerung des Organismus und dadurch verminderter Harnsäureausscheidung in der Niere bis in gefährliche Bereiche ansteigt.

Einschränkung des Alkoholverbrauchs
Da Alkohol die Harnsäureausscheidung in der Niere hemmt und somit zu einem Anstieg der Harnsäurekonzentration im Blut und den Körperflüssigkeiten führt, wäre der völlige Verzicht auf Alkohol die logische Konsequenz in der Behandlung des Gichtpatienten. Auch der Puringehalt alkoholischer Getränke wie zum Beispiel Bier trägt zu einer Erhöhung des Harnsäurespiegels im Blut bei. Da viele Gichtpatienten auf Alkohol nicht völlig verzichten wollen, muß zumindest der Verbrauch alkoholischer Getränke reduziert werden. Ein Glas Bier oder ein Glas Wein oder ein Aperitif zum Mittag- und Abendessen sind deshalb erlaubt. Reichlicher Alkoholgenuß ist häufig Auslöser eines Gichtanfalls und hat manchem Gichtpatienten eine schlaflose Nacht gebracht.

Dieser deftige Gerstentopf sättigt so gut, daß er mit einem Dessert danach schon eine vollwertige Mahlzeit sein kann. Wenn Sie ihn aber als Vorsuppe essen wollen, halbieren Sie einfach die Menge der Gemüsezutaten. Rezept Seite 35. ▷

Spezielle Diätvorschriften

Streng purinarme Diät

Die *streng purinarme Diät* geht mit erheblichen Einschränkungen einher und erfordert vom Patienten ein hohes Maß an Disziplin. Da ihre Aussicht, eingehalten zu werden, zumeist gering ist, wird sie in der Regel nur noch dann verordnet, wenn eine medikamentöse Therapie aus zwingenden Gründen nicht möglich ist.
In einer streng purinarmen Diät sind bis zu 120 mg Harnsäure täglich erlaubt, die Wochenmenge Harnsäure darf 1000 mg nicht überschreiten. Eiweiß wird in Form von Milch- und Milchprodukten, aber auch Pflanzenprodukten zugeführt. Alkoholische Getränke sollten weitgehend vermieden werden. Die Zufuhr von Fleisch, Wurst oder Fisch bis maximal 100 g sollte sich auf 2- bis 3mal pro Woche beschränken. Durch Kochen verringert sich beim Fleisch, wie schon erwähnt, dessen Puringehalt, da ein Teil der Purine ins Kochwasser übergeht.

◁ Eier-Vinaigrette ist eine in der französischen Küche beliebte kalte Sauce, die besonders gut zu gekochtem, kaltem Gemüse paßt. Sie sollten ganz frische Kräuter dazu verwenden, dann wird sie eine vitaminreiche Delikatesse. Rezept Seite 38.

Diät beim Gichtanfall

Die Einhaltung einer *purinarmen Diät* ist ein wirksames Mittel zur Vorbeugung eines Gichtanfalls. Vermehrter Fleischkonsum sowie reichlicher Alkoholgenuß im Rahmen von Festen sind in erster Linie für das Auftreten eines Gichtanfalls verantwortlich. Tritt ein Gichtanfall auf, so sollte der Patient wenig und purinarm essen. Außerdem muß auf eine reichliche Flüssigkeitszufuhr in Form von Wasser, Tee oder Fruchtsäften geachtet werden. Waren Diätfehler die Ursache des Gichtanfalls, so sollten diese in Zukunft gemieden werden.

Diät bei Harnsäuresteinleiden

Unter Harnsäuresteinleiden versteht man die Bildung von Steinen aus Harnsäure in der Niere sowie den ableitenden Harnwegen. Eine erhöhte Harnsäurekonzentration in der Niere und den Harnwegen begünstigt die Steinentstehung. Da Harnsäure in saurem Milieu wenig löslich ist, erhöht eine Harnsäuerung ebenfalls das Risiko der Steinentstehung. Aus diesen Zusammenhängen der Steinentstehung leiten sich die Diätvorschriften ab.
Bei Harnsäuresteinleiden ist es das Ziel der Diättherapie, durch eine purinarme Ernährung die Harnsäureausscheidung in der Niere zu vermindern. Darüber hinaus sind eine Verdünnung der Harnsäure im Urin durch erhöhte Flüssigkeitszufuhr sowie die Neutralisation des Urins, wodurch Harnsäure besser in Lösung geht, notwendige Maßnahmen. Die Flüssigkeitszufuhr sollte so bemessen sein, daß ein Harnvolumen von 2–2½ Litern täglich erreicht wird. Auch nachts sollte eine Flüssigkeitszufuhr gewährleistet sein, damit die Harnsäurekonzentration im Urin nicht in größerem Maße ansteigt. Man trinkt hierzu am zweckmäßigsten eine größere Flüssigkeitsmenge vor dem Einschlafen sowie möglichst auch in der Mitte der Schlafperiode (Wecker stellen!). Die Neutralisation des Urins zur besseren Harnsäurelöslichkeit erreicht man durch diätetische Maß-

nahmen sowie Arzneimittel. Die diätetischen Maßnahmen bestehen aus einer alkalisierenden Kost, wobei schon eine purinarme Kost neutralisierend wirkt.
Die Arzneimitteltherapie zur Verbesserung der Harnsäurelöslichkeit muß nach Verordnung des Arztes erfolgen.

Diät bei weiteren Stoffwechselerkrankungen
Übergewicht begünstigt das Auftreten weiterer Stoffwechselerkrankungen, insbesondere der Zuckerkrankheit und Fettstoffwechselstörungen. Die wichtigste Behandlungsmaßnahme ist in diesen Fällen die Gewichtsreduktion (siehe Seite 8). Besteht bei einem Gichtkranken gleichzeitig eine Zuckerkrankheit, so sollte eine purinarme Diabetesdiät eingehalten werden. Bei Fettstoffwechselstörungen, insbesondere bei erhöhten Cholesterinwerten im Blut, empfiehlt es sich, den Verbrauch tierischer Fette einzuschränken. Als Fettquelle sind Pflanzenöle (zum Beispiel Sonnenblumenöl, Maiskeimöl) sowie Pflanzenmargarine vorzuziehen. (Siehe auch »Moderne Diät zur Cholesterinspiegelsenkung« aus dieser Reihe.)

Medikamentöse Behandlung der Gicht

Die Diättherapie stellt die Basistherapie bei Gicht und dem Harnsäuresteinleiden dar. Die medikamentöse Behandlung erfolgt beim akuten Gichtanfall durch den Einsatz entzündungshemmender Arzneimittel sowie bei erhöhten Harnsäurewerten im Blut, die trotz konsequenter Einhaltung der Diätvorschriften nicht in den Normbereich gesenkt werden können. Zur medikamentösen Senkung des Harnsäurespiegels stehen Arzneimittel zur Verfügung, die entweder die Harnsäurebildung hemmen (Allopurinol) oder die Harnsäureausscheidung in der Niere erhöhen (Uricosurica).

Nur der Arzt kann entscheiden, ob zur Senkung eines erhöhten Harnsäurespiegels neben der Diät noch eine zusätzliche Arzneimitteltherapie erforderlich ist. Auch die Wahl des Arzneimittels obliegt der Entscheidung des Arztes. Wichtig ist, daß sich der Patient streng an die ärztlichen Verordnungen hält, da die Unterbrechung der Therapie einen Rückfall der Erkrankung auslösen kann.

Allgemeine Diätetik

Wie Sie in der »Medizinischen Einführung« schon gelesen haben, liegen die Ursachen für das Stoffwechselleiden Gicht in der Erbanlage, verbunden mit einer hochkalorischen Ernährung von zuviel Eiweiß und Fett und dem regelmäßigen Genuß von Alkohol. Es kommt somit zur direkten Störung des Harnsäurestoffwechsels. Der Harnsäurespiegel im Blut wird erhöht oder/und es wird zu wenig Harnsäure über die Niere ausgeschieden. Wird der Grenzwert der Harnsäurekonzentration im Blut überschritten (6,4 mg/100 ml), so bilden sich Harnsäurekristalle, die sich vor allem in den Gelenken und Nieren ablagern. Die Folgen können ein akuter Gichtanfall und die Bildung von Harnsäuresteinen in der Niere sein.
Man unterscheidet bei der Gicht zwei Formen: Die primäre Gicht und die sekundäre Gicht (siehe »Medizinische Einführung« Seite 5).
Die Harnsäure ist das Abbauprodukt der Purine, und die Purine sind wiederum lebensnotwendige Bausteine der Zellen bei Mensch, Tier und Pflanze. Werden täglich Nahrungsmittel mit einem hohen Puringehalt, zum Beispiel Leber, Niere, Herz, Bries (siehe Seite 15), verzehrt, steigt auch im gleichen Verhältnis der Harnsäurespiegel.
Alle Angaben in diesem Diät-Ratgeber wurden in Milligramm Harnsäure umgerechnet, obwohl die Nahrungsmittel Purine enthalten, denn uns interessiert, wieviel Harnsäure daraus im Körper abgebaut wird (Ausnahme: die Purin-Tabelle auf Seite 15).
Da viele Gichtpatienten überernährt sind, ist die erste und wichtigste Maßnahme die Normalisierung des Körpergewichtes; das heißt das Normal- oder Idealgewicht (siehe Seite 25) sollte erreicht werden. Es hat sich gezeigt, daß bei Abnahme des Übergewichtes der Harnsäurespiegel im Blut fiel und darüber hinaus auch Begleiterkrankungen gebessert werden konnten. In diesem Diät-Ratgeber enthalten deshalb fast alle Rezepte statt Zucker Süßstoff, und bestimmte Fette mit einem hohen Anteil an mehrfach ungesättigten Fettsäuren (Linolsäure, siehe Seite 14) werden bevorzugt.
Die richtige Ernährung bei Gicht ist die Grundlage der Behandlung, wobei in schweren Fällen die Diät durch entsprechende Medikamente ergänzt werden muß. Wird eine Gicht nicht behandelt, so kann es zur Bildung von Gichtknoten in den Gelenken, Knochen und Weichteilen kommen. Um dem abzuhelfen beziehungsweise vorzubeugen, sollte man folgende Umstellungen in der Ernährung vornehmen:

- Das Übergewicht muß reduziert und das Normalgewicht- oder Idealgewicht angestrebt werden. Kontrollieren Sie regelmäßig Ihr Gewicht!
- 300 mg Harnsäure täglich, die durch die Nahrung aufgenommen werden, nicht überschreiten (siehe Tabelle Seite 19).
- Innereien (Bries, Herz, Kutteln, Leber, Lunge, Nieren, Zunge), Fertigsaucen, Fertigsuppen, Fischkonserven, Miesmuscheln, Sardellen, Sprotten und Ölsardinen möglichst meiden (siehe Diätkompaß Seite 17).
- Die Joule/Kalorien sollten auf 5–6 Mahlzeiten über den Tag verteilt werden.
- Bevorzugen Sie mageres **Eiweiß**, zum Beispiel fettarme Milch und Milchprodukte (siehe Diätkompaß Seite 17).
- Verzehren Sie täglich nicht mehr als 100–125 g Fleisch oder Aufschnitt oder Geflügel oder Wild oder Fisch.
- Sparen Sie **Fett** ein, wo immer es geht (siehe Gartechniken Seite 30). Möglichst Fette verwenden, die einen hohen Anteil an mehrfach ungesättigten Fettsäuren aufweisen (siehe Linolsäure Seite 14 und Diätkompaß Seite 17).
- **Kohlenhydrate** sollten Sie möglichst als Vollkornprodukte zu sich nehmen (Vollkornmehl, Vollkornflocken, Naturreis, Vollkornbrot und so weiter). Es sollte reichlich Gemüse und Obst zu den Mahlzeiten geben. Übergewichtige Gichtpatienten sollten Süßspeisen stets mit Süßstoff (siehe Seite 26) statt mit Zucker oder Honig süßen.

- **Vitamine, Mineralstoffe** und **Spurenelemente** sind sehr wichtig bei dieser Diät. Eine gemischte abwechslungsreiche Kost gewährleistet diese Forderung.
- **Ballaststoffe** sind auch bei der Gichtdiät unentbehrlich. Sie wirken bei einer Reduktionsdiät (wenn Sie abnehmen müssen) sättigend, fördern den Stuhlgang und beugen dem Darmkrebs vor. Ballaststoffe sind in Kleie, Gemüse, Obst und Vollkornerzeugnissen reichlich vorhanden.
- **Flüssigkeit** spielt bei Patienten mit einem erhöhten Harnsäurespiegel eine große Rolle. Sie sollten täglich 2–3 Liter trinken (abhängig von der Jahrestemperatur), um die Harnsäureausscheidung durch die Niere zu fördern. Dadurch kann die Bildung von Harnsäuresteinen verhindert werden. Geeignet sind Wasser, Mineralwasser, Obst- und Gemüsesäfte, Kräutertee, schwarzer Tee, Kaffee, Milch, Kakao.
- Zum Würzen der Speisen können alle frischen *Kräuter* sowie *Gewürze* verwendet werden. Sie können das Salz fast völlig ersetzen, denn mit Salz sollten Sie sparsam umgehen, und wenn gesalzen wird, dann mit jodiertem Speisesalz (siehe Seite 15).
- **Alkohol** hemmt die Harnsäureausscheidung durch die Nieren, und somit steigt der Harnsäurespiegel beim Genuß alkoholischer Getränke an. Daher ist es ratsam, zu diesem Thema stets den behandelnden Arzt zu fragen. Außerdem enthält Bier neben dem Alkohol auch noch Purine (siehe Seite 6), die wiederum zu Harnsäure umgewandelt werden.

Einige Diätvorschriften für Gichtkranke sind inzwischen überholt: So gibt es zwischen »hellem« und »dunklem« Fleisch keinen großen Unterschied hinsichtlich des Puringehaltes. Auch Tomaten dürfen von Gichtpatienten in normaler Menge gegessen werden. Schokolade, Kaffee, schwarzer Tee und Kakao sind für Gichtkranke nicht verboten, weil die darin enthaltenen Purine *nicht* zu Harnsäure abgebaut werden. Ob Weißwein oder Rotwein für einen Gichtkranken zu empfehlen ist, hängt allein vom Alkoholgehalt ab. Kohlensäurehaltige Getränke darf der Gichtpatient trinken.

Zu einem Gichtanfall kann es durch »Diätfehler« (opulentes Essen und Alkoholkonsum), durch körperliche Überanstrengung, andere Krankheiten, Unfälle, Operationen oder Reisen kommen. Durch die Schmerzen wird der Patient wenig Appetit zeigen. Er sollte die Diät aber trotzdem aufrechterhalten und genügend Flüssigkeit (Fruchtsäfte, Tees oder Mineralwasser) trinken.

Zusammenfassend kann man sagen: Patienten mit erhöhtem Harnsäurespiegel und Gicht sollten nach Möglichkeit ihre Lebensführung und ihre Ernährung so gestalten, daß es erst gar nicht zu schweren Formen der Erkrankung kommen muß. Zur Vorbeugung gehört ausreichende Bewegung in frischer Luft, Streßabbau, eingeschränkter Alkoholkonsum und eine Kost, die verhindert, daß Übergewicht entsteht.

Das sollten Sie wissen

Fettsäuren: Fett setzt sich aus Glycerin und Fettsäuren zusammen. Es gibt gesättigte und ungesättigte (essentielle/lebensnotwendige) Fettsäuren. Wie stoffwechselwirksam ein Öl oder eine Margarine ist, hängt von der Art der enthaltenen Fettsäuren ab. So ist eine der wichtigsten mehrfach ungesättigten Fettsäuren die Linolsäure (zum Beispiel in Sonnenblumen-, Distel-, Weizenkeim-, Soja-, Maiskeim- und anderen Ölen oder daraus hergestellten Margarinen). Der Mensch benötigt pro Tag etwa 10 g Linolsäure, die in etwa 20 g Maiskeimöl (oder anderen oben genannten Ölen) enthalten sind. Linolsäurereiche Fette sollten möglichst nicht zu stark erhitzt werden, weil dadurch ein Teil ihrer Wirkung verlorengeht. Diese Fettarten enthalten genausoviel Energie (Joule/Kalorien) wie jedes andere Öl (Butter und Margarine enthalten weniger Energie). Das sollte der übergewichtige Patient beim Abnehmen bedenken.

Kochsalz/Natrium: Die chemische Verbindung Natriumchlorid (NaCl) ist das Kochsalz. Erhöhte Kochsalzzufuhr kann bei entsprechender Veranlagung zu Bluthochdruck führen. Es ist vornehmlich das Natrium, das sich dabei negativ auswirkt. Kochsalz ist in angemessener Menge unentbehrlich für unseren Organismus. Die meisten Menschen essen allerdings zuviel, und das ist ungesund; der Bundesbürger ißt im Durchschnitt täglich etwa 15 g Salz – wünschenswert wären dagegen nur 3–5 g pro Tag! Die Deutsche Gesellschaft für Ernährung empfiehlt, die Speisen wenig zu salzen, und wenn, dann möglichst mit Jodsalz oder jodiertem Speisesalz.

Ballaststoffe (Faserstoffe): Unverdauliche Nahrungsbestandteile. Wichtig für die Sättigung und für den Stuhlgang. Zur Gruppe der Ballaststoffe gehören auch die Pektine, die eine ausgeprägte cholesterinsenkende Wirkung haben. Ballaststoffreich sind Vollkornbrote, Vollkornschrot,

Puringehalt der wichtigsten Nahrungsmittel

Um den Puringehalt in den Harnsäuregehalt umzurechnen, muß der Purinwert mit 2,4 multipliziert werden.

Purine	Nahrungsmittel (bezogen auf 100 g eßbaren Anteil)
0 mg	Äpfel, Birnen, Eier, Fette, Milch und Milchprodukte, Reis, Zucker
1–5 mg	Corn-flakes, Gurken, Heidelbeeren, Honig, Kartoffeln, Kohlrabi, Kopfsalat, Marzipan, Orangen, Preiselbeeren aus der Dose, Rhabarber, Schwarzwurzeln, Tomaten, Zwiebeln
5–10 mg	getrocknete Aprikosen, Brötchen, Butterkekse, Champignons, Datteln, Endivien, Erdbeeren, Himbeeren, Kartoffeln, Kartoffelprodukte, Radieschen, Rettich, Rosenkohl, rote Bete, Sauerkraut, Weißbrot
10–20 mg	Blumenkohl, weiße Bohnen, Eierteigwaren, getrocknete gelbe Erbsen, Feldsalat, Graubrot, Haselnüsse, Karotten, Lauch, Mandeln, Pfifferlinge, Sellerie, Spargel, Vollkornbrot, Walnüsse, Weizenmehl, Zwieback
20–30 mg	grüne Bohnen, Hummer, Knäckebrot, Spinat, Steinpilze, Weizengrieß
30–40 mg	geräucherter Aal, Austern, Ente, grüne Erbsen, Haferflocken, Hering in Gelee, Kaninchen, roher Schinken, Schleie, Speck
40–50 mg	Brathuhn, Erdnüsse, Fasan, Gans, Grünkernmehl, Hase, Hecht, Heilbutt, Hering in Tomatensoße, gekochtes Huhn, Knochenmark, Lachs, Reh, Schellfisch, gekochter Schinken, Scholle, Schweinekotelett, Schweineschnitzel
50–60 mg	gemischtes Hackfleisch, Kabeljau, Kalbsfilet, Kalbshaxe, Kalbskotelett, Kalbsschnitzel, Kaviar, Rinderfilet, gekochtes Rindfleisch, Roastbeef, Seezunge, Schweinefilet, gekochtes Schweinefleisch, Tatar
60–70 mg	Gerstenmehl, Hammelkotelett, Hammellende, Kalbsschlegel, Karpfen
70–80 mg	Bückling, Forelle, Huhn, Kalbszunge, Linsen, Ölsardinen, Seelachs, Truthahn
80–90 mg	Flunder, Hammel, Hering
90–100 mg	Hühnerleber, Sardellen
100–110 mg	Lachs in Dosen, Leber, Nieren, geräucherte Sprotten
150–199 mg	Krabben in Dosen (150 mg), Herz von Rind und Kalb (174 mg), Anchovis (Fischzubereitungen aus Sardellen, Sprotten oder Breitlingen, 187 mg), Miesmuscheln (199 mg)
454 mg	Bries
1458 mg	Fleischextrakt

-graupen, -grütze, -mehl, -teigwaren, -flocken, Kleie, ungeschälter Reis, alle Gemüse, vor allem Kohl, Steckrüben, Kartoffeln und Hülsenfrüchte. Rohkost (Obst oder Gemüse), Dörrobst und Leinsamen wirken besonders gut bei Verstopfung.

Diätetische Hinweise bei zusätzlichen Erkrankungen

Erkrankungen der Bauchspeicheldrüse: Eiweiß in normaler Menge und Fett sparsam verwenden; nur Fette mit hohem Anteil an Linolsäure (siehe Seite 14) oder MCT (mittelkettigen Fettsäuren). Kohlenhydrate in normaler Menge; keine blähenden Nahrungsmittel. Auf Alkohol verzichten!

Herz-Kreislauf-Erkrankungen: Kaloriengerechte, möglichst kaliumreiche Ernährung. Auf Cholesteringehalt in Nahrungsmitteln achten. Verzicht auf Kochsalz (Natrium) bei Bluthochdruck. Eiweiß in normaler Menge, vor allem Fisch (Makrelendiät). Fett einsparen; Öle und Fette mit hohem Anteil an mehrfach ungesättigten Fettsäuren bevorzugen (Linolsäure, siehe Seite 14). Kohlenhydrate möglichst in Form von Vollkornerzeugnissen, viel Gemüse und Obst. Kräuter und Gewürze statt Salz. Genußmittel mit dem Arzt abstimmen.

Erwachsenen-Diabetes: Regulierung des Körpergewichtes, also Normal- bzw. Idealgewicht erreichen. Eiweißhaltige, aber fettarme Nahrungsmittel in normaler Menge. Fett einsparen, wo immer es geht; Fette mit hohem Gehalt an Linolsäure bevorzugen (siehe Seite 14). Kohlenhydrate müssen nach BE (Brot-Einheiten) berechnet werden; zu empfehlen Vollkornbrot, Vollkornprodukte, Gemüse und gewisse Mengen bestimmter Obstsorten. Kein Zucker oder Honig oder damit zubereitete Nahrungsmittel.

Erhöhter Cholesterinspiegel: Nahrungsmittel mit hohem Cholesteringehalt meiden. Eiweißhaltige Nahrungsmittel stets fettarm. Fett einsparen, wo immer möglich; auf versteckte Fette (siehe Seite 26) und richtige Zubereitung achten. Kohlenhydrate in Form von ballaststoffreichen und pektinhaltigen Nahrungsmitteln (Vollkornerzeugnisse, viel Gemüse und Obst).

Erkrankungen von Leber, Gallenblase und Gallenwegen: Diese Diät könnte als optimale Ernährung für den Gesunden bezeichnet werden. Eiweiß in normaler Menge; in möglichst fettarmen Nahrungsmitteln. Fett in normaler Menge; als Brotaufstrich Butter, zur Zubereitung der Speisen Fette mit hohem Anteil an Linolsäure (siehe Seite 14). Kohlenhydrate in Form von Gemüse, Obst, Vollkornerzeugnissen, Kartoffeln, ungeschältem Reis. Bei Lebererkrankungen jeder Art kein Alkohol!

Magen- und Darmerkrankungen: Eiweiß in normaler Menge. Fett in normaler Menge (Butter, Sahne, hochwertige Öle und Margarinen, siehe Seite 14). Kohlenhydrate individuell nach Verträglichkeit der jeweiligen Nahrungsmittel. Stark gezuckerte oder gesalzene, scharf gewürzte und stark gebratene Speisen möglichst meiden. Vorsicht bei Alkohol und Nikotin!

Verstopfung (Obstipation): Sehr oft sind falsche Ernährung, Hast, wenig Bewegung und seelische Belastung die Ursachen. Ballaststoffreiche Ernährung: Vollkornerzeugnisse, ungeschälter Reis, Weizenkleie (hierzu reichlich kalorienarme Flüssigkeit trinken). Viel Gemüse (besonders Kohlarten, Steckrüben, Hülsenfrüchte, Kartoffeln) und Obst sowie morgens nüchtern am Vorabend eingeweichte Dörrpflaumen. Wichtig: Regelmäßige »Verdauung«, möglichst immer zur gleichen Tageszeit und ohne Hast!

Hinweis: Für genauere Informationen gibt es in der gleichen Reihe MODERNE DIÄT bei Erkrankungen der Bauchspeicheldrüse, ... bei Herz-Kreislauf-Erkrankungen, ... bei Erwachsenen-Diabetes, ... bei Erkrankungen von Leber, Gallenblase und Gallenwegen, ... bei Magen- und Darm-Erkrankungen (alle im Gräfe und Unzer Verlag).

Diätkompaß

Die folgende Aufstellung soll Ihnen helfen, rasch die für Ihre Diät empfehlenswerten und die nicht empfehlenswerten Nahrungsmittel aufzufinden. Wenn Sie häufig im Restaurant essen müssen und gezwungen sind, aus einer vielleicht recht umfangreichen Speisekarte das für Sie Bekömmliche auszuwählen, empfiehlt es sich, eine Kopie dieser Liste immer mitzunehmen.

	empfehlenswert	*nicht empfehlenswert*
Fleisch, Geflügel, Wild	Kalb, Rind, Schwein (mager), Lamm, Tatar, Huhn, Hähnchen, Poularde, Pute, Taube, Flugente, Fasan, Wildente, Kaninchen, Hase, Reh, Hirsch, Wildschwein	alle fetten Fleischsorten, panierte, in Fett ausgebackene Fleischstücke, fettes Geflügel. Wegen des hohen Puringehalts: Fleischextrakt, Herz, Nieren, Hirn, Bries, Leber, Zunge, Lunge
Wurst (Aufschnitt u. a.)	Diätwurst, Schinken ohne Fettrand, magerer kalter Braten, Roastbeef, Rindersaftschinken, Rauchfleisch, Bündner Fleisch, Tatar, deutsches Corned beef, Kalbfleisch-, Geflügel-, Wild- und Fischsülze, Spezialwurstsorten unter 10% Fett	alle anderen fetten Wurstsorten, Schweinemett, Hausmachersülze
Suppen, Saucen	Gemüsebrühen, magere Fleischbrühen, Obstsuppen Quarkmayonnaise, Quarkremoulade, Diätmayonnaise und -remoulade	fette Fleischbrühen, gebundene Suppen, Mayonnaise, Buttersaucen (Sauce hollandaise, Sauce béarnaise)
Streichfette, Öle	Butter (nach Rücksprache mit dem Arzt), Pflanzenmargarine und Pflanzenöle mit einem hohen Anteil an mehrfach ungesättigten Fettsäuren (Linolsäure), z. B. Sonnenblumenöl, Safloröl, Maiskeimöl, Sojaöl, Weizenkeimöl und daraus hergestellte Margarinesorten	Schweineschmalz, Talg, Speck, Schlagsahne
Fisch, Schaltiere	Schellfisch, Rotbarsch, Seelachs, Kabeljau, Flunder, Scholle, Seezunge, Forelle, Hecht, Schleie, frischer Thunfisch, Fischsülze	Karpfen, Hering, Aal, Makrele, Lachs, Heilbutt, Steinbutt. Einen hohen Puringehalt haben alle Fischkonserven sowie Miesmuscheln, Krabben und Anchovis (Sardellen)
Kartoffeln	Pellkartoffeln, Salzkartoffeln, Kartoffelsalat mit Quarkmayonnaise zubereitet, Kartoffelpüree, Kartoffelklöße	Pommes frites, Mayonnaisesalat, Kartoffelpuffer, Bratkartoffeln

Diätkompaß

	empfehlenswert	*nicht empfehlenswert*
Gemüse, Salat	alle Gemüse und Salate. Ausnahmen: Spinat und Hülsenfrüchte nur eingeschränkt (siehe Seite 7)	
Eier	gekochte, verlorene und gebratene Eier, Eierstich, Schaumomelette, Rührei, Ei zum Legieren von Suppen, Saucen, Süßspeisen und Aufläufen	Rührei mit Speck
Milch und Milch-produkte	Trinkmilch mit 1,5% Fettgehalt, Magermilch, Trockenmagermilchpulver, Buttermilch, Sauermilchprodukte, Joghurt, Magerquark und Käse bis zu 40% Fett i. Tr., Kondensmilch mit 4% Fett, saure Sahne	Vollmilch, sehr fetthaltige Käsesorten
Getreide- und Stärke-erzeugnisse	Mehl, Hafer- und Weizenflocken, Reis, Grieß, Teigwaren, Corn-flakes, als Vollkornprodukte zu bevorzugen! Weizenkeime und Weizenkleie. Vollkornprodukte bevorzugen!	
Brot und Gebäck	Weißbrot, Toast, Zwieback, Knäckebrot, Mischbrot, Grahambrot, Vollkorn- und Leinsamenbrot, Obstkuchen mit wenig Teig, Vollkornkekse.	Torten, Blätterteigpasteten, in schwimmendem Fett Ausgebackenes
Zucker, Süßwaren, Süßstoffe	Bei Übergewicht: Süßstoff flüssig, in Pulverform oder in Tabletten. Marmeladen und Gelees, mit Süßstoff gesüßt. Bei Normalgewicht ist Zucker in kleinen Mengen erlaubt.	Haushaltszucker, Fruchtzucker, Zuckeraustauschstoffe (Xylit, Sorbit), Honig, Schokolade, Pralinen, Bonbons
Obst	jede Art von Obst, roh oder gedünstet	
Gewürze, Würzsaucen, Kräuter	Anis, Fenchel, Nelken, Kümmel, Zimt, Muskat, Lorbeerblätter, Wacholderbeeren, Piment- und Pfefferkörner, Tomatenmark, Tomatenketchup, Paprikapulver, Curry- und Chilipulver, Knoblauch, Zwiebeln, Essig, Senf, alle Küchenkräuter	
Getränke	schwarzer Tee, Kräutertees, Bohnenkaffee, Kakao, Obst- und Gemüsesäfte, Milchmixgetränke, alkalische Wässer wie Fachinger Wasser, Wildunger Helenenquelle, Vichy-Mineralwasser usw., es sei denn, der Arzt hätte aus irgendeinem Grund eines dieser Getränke verboten	Alkohol in jeder Form. Im Zweifelsfall mit dem Arzt Rücksprache halten. Limonaden und mit Zucker gesüßte Fruchtsäfte

Energie-, Nährstoff- und Harnsäuregehalt der wichtigsten Nahrungsmittel

Die Berechnung geht vom eßbaren Anteil aus. Zeichenerklärung: + Nährwerte nur in Spuren vorhanden, 0 Nährstoff nicht vorhanden, ● es liegen keine genauen Analysen vor.

	Joule kJ	Kalorien kcal	Eiweiß g	Fett g	Kohlenhydrate g	Ballaststoffe g	Harnsäure mg
Brot, Gebäck, Getreideprodukte							
40 g Brötchen (1 Stück)	450	106	3	+	22	+	8
5 g Butterkeks (1 Stück)	92	22	1	1	4	●	1
40 g Grahambrot (1 Scheibe)	362	85	3	+	16	2	●
10 g Knäckebrot (1 Scheibe)	151	36	1	+	7	1	6
40 g Leinsamenbrot (1 Scheibe)	468	112	3	2	19	●	●
50 g Weizenmischbrot (1 Scheibe)	501	118	4	1	23	2	20
50 g Pumpernickel (1 Scheibe)	438	103	3	1	20	3	2
50 g Roggenmischbrot (1 Scheibe)	494	117	4	1	23	2	20
50 g Roggenvollkornbrot (1 Scheibe)	452	107	3	1	20	3	●
10 g Salzstangen (10 Stück)	144	34	1	+	8	+	●
25 g Toastbrot (1 Scheibe)	285	67	2	1	12	+	4
25 g Weißbrot (1 Scheibe)	274	65	2	+	13	+	4
50 g Weizenvollkornbrot (1 Scheibe)	362	85	3	+	16	2	20
10 g Zwieback (1 Stück)	160	38	1	+	8	●	3
20 g Corn-flakes (1 Portion)	320	75	2	+	17	1	2
50 g Eierteigwaren (1 Portion)	771	184	7	2	36	+	19
15 g Grieß (1 gestr. Eßl.)	222	52	2	+	11	●	0
10 g Haferflocken (1 gestr. Eßl.)	153	37	1	1	7	+	9
50 g Hirse (1 Portion)	755	181	5	2	36	4	●
10 g Leinsamen (1 gestr. Eßl.)	183	44	2	4	1	+	●
60 g Naturreis (1 Portion)	935	223	4	1	45	+	0
50 g Reis, poliert (1 Portion)	668	159	4	+	39	+	0
10 g Semmelbrösel (1 gestr. Eßl.)	147	35	1	+	7	●	7
10 g Speisestärke (1 gestr. Eßl.)	147	35	+	+	9	+	0
60 g Vollkornteigwaren (1 Portion)	874	206	9	2	38	5	●
10 g Vollkornweizenmehl (1 gestr. Eßl.)	137	32	1	+	6	1	●
10 g Weizenmehl (1 gestr. Eßl.)	147	35	1	+	7	+	2
Eier							
60 g Ei (1 mittelgroßes)	398	95	8	7	+	0	1
20 g Eigelb, flüssig (von 1 mittelgroßen Ei)	297	71	3	6	+	0	1
35 g Eiweiß/Eiklar, flüssig (von 1 mittelgroßen Ei)	72	17	4	+	+	0	0

	Joule kJ	Kalorien kcal	Eiweiß g	Fett g	Kohlen-hydrate g	Ballast-stoffe g	Harn-säure mg
Fette							
10 g Butter (2 gestr. Teel.)	317	75	+	8	+	0	0
10 g Butterschmalz (2 gestr. Teel.)	377	90	+	10	0	0	0
10 g Diätmargarine (2 gestr. Teel.)	304	72	+	8	+	●	0
10 g Diätöl (1 Eßl.)	378	90	0	10	0	0	0
10 g Halbfettmargarine (2 gestr. Teel.)	161	38	1	4	+	●	0
Fisch							
125 g Bücklingsfilet (1 Portion)	1134	270	27	18	●	●	137
125 g Forellenfilet (1 Portion)	535	128	24	3	+	●	212
125 g Hechtfilet (1 Portion)	430	103	23	1	●	●	175
125 g Heilbuttfilet (1 Portion)	530	126	25	3	●	●	150
125 g Kabeljaufilet (1 Portion)	358	85	21	+	+	●	150
125 g Rotbarschfilet (1 Portion)	551	131	23	5	●	●	162
100 g Sardinen (1 Portion)	521	124	19	5	●	●	●
125 g Schellfischfilet (1 Portion)	378	90	22	+	0	●	137
125 g Schillerlocken (1 Portion)	1585	378	27	30	●	●	81
125 g Schollenfilet (1 Portion)	399	95	21	1	0	●	125
125 g Seelachsfilet (1 Portion)	420	100	23	1	0	●	137
125 g Seezungenfilet (1 Portion)	436	104	22	2	●	●	●
Fleischerzeugnisse, Fleisch							
25 g Bierschinken (1 Scheibe)	247	59	4	5	●	●	35
25 g Blutwurst (1 Scheibe)	475	113	4	11	●	●	22
125 g Bratwurst, Kalb (1 Stück)	1701	405	13	39	●	●	162
125 g Bratwurst, Schwein (1 Stück)	1795	428	16	41	●	●	162
20 g Cervelatwurst (1 Scheibe)	383	91	3	9	●	●	24
25 g Corned beef, deutsch (1 Scheibe)	148	35	5	2	●	●	●
20 g Fleischwurst (1 Scheibe)	264	63	2	6	●	●	26
80 g Frankfurter Würstchen (1 Stück)	806	192	10	17	0	●	104
30 g Frühstücksfleisch/Luncheon meat (1 Scheibe)	371	88	4	8	+	●	●
20 g Jagdwurst (1 Scheibe)	273	65	3	6	●	●	26
25 g Leberkäse/Fleischkäse (1 Scheibe)	268	64	3	6	+	●	35
20 g Leberwurst (1 Portion)	356	85	2	8	+	●	23
20 g Mettwurst, fein (1 Scheibe)	429	102	2	10	●	●	22
20 g Mortadella (1 Scheibe)	290	69	2	7	●	●	26
30 g Schinken, gekocht, mager (1 Scheibe)	332	79	6	6	0	●	33
30 g Schinken, roh, mager (1 Scheibe)	484	115	5	11	+	●	21

Diätkompaß

	Joule kJ	Kalorien kcal	Eiweiß g	Fett g	Kohlenhydrate g	Ballaststoffe g	Harnsäure mg
100 g Wiener Würstchen (1 Paar)	1037	247	15	21	●	●	110
80 g Hackfleisch, halb und halb (1 Portion)	874	208	16	16	●	●	96
125 g Hammelkeule (1 Portion)	1229	293	23	23	●	●	187
125 g Hammelkotelett (1 Portion)	1826	435	19	40	●	●	175
125 g Kalbsfilet (1 Portion)	499	119	26	2	●	●	156
125 g Kalbshaxe (1 Portion)	515	123	26	2	●	●	156
125 g Kalbsschnitzel (1 Portion)	520	124	26	2	●	●	156
125 g Rinderfilet (1 Portion)	609	145	24	6	●	●	150
125 g Rinderkeule (1 Portion)	778	185	26	9	●	●	150
125 g Roastbeef (1 Portion)	914	218	26	13	●	●	150
100 g Tatar (1 Portion)	496	118	21	4	●	●	120
125 g Eisbein/Haxe (1 Portion)	1019	243	15	21	●	●	150
125 g Schweinebug, -schulter (1 Portion)	1418	338	21	28	●	●	162
125 g Schweinefilet (1 Portion)	856	204	23	12	●	●	162
125 g Schweinekotelett (1 Portion)	1764	420	19	38	0	●	162
125 g Schweineschnitzel (1 Portion)	819	195	26	10	●	●	162
50 g Speck, durchwachsen (1 Portion)	1304	311	5	33	●	●	40
125 g Brathuhn (1 Portion)	699	166	26	7	●	●	137
125 g Huhn, Brust (1 Portion)	520	124	29	1	●	●	137
125 g Huhn, Keule (1 Portion)	578	138	26	4	●	●	137
125 g Truthahn (1 Portion)	1308	311	24	24	●	●	212
125 g Hase (1 Portion)	594	141	27	4	●	●	137
125 g Hirsch (1 Portion)	588	140	26	4	●	●	137
125 g Kaninchen (1 Portion)	809	193	26	10	1	●	120
125 g Reh, Keule (1 Portion)	509	121	27	2	●	●	137

Gemüse, frisch oder tiefgefroren

	Joule kJ	Kalorien kcal	Eiweiß g	Fett g	Kohlenhydrate g	Ballaststoffe g	Harnsäure mg
210 g Auberginen (1 kleine)	221	53	3	+	9	6	●
200 g Blumenkohl (1 Portion)	226	54	5	+	8	4	50
200 g Bohnen, grün (1 Portion)	292	70	4	1	12	6	80
200 g Broccoli (1 Portion)	276	66	7	+	9	8	●
125 g Champignons (1 Portion)	141	34	3	+	4	3	25
200 g Chicorée (1 Portion)	134	32	3	+	5	2	●
200 g Chinakohl (1 Portion)	134	32	2	1	4	2	●
30 g Endiviensalat (1 Portion)	24	6	1	+	1	+	6
200 g Erbsen (1 Portion)	662	158	13	1	25	10	160
200 g Fenchel (1 Portion)	410	98	5	1	18	2	20
200 g Grünkohl (1 Portion)	476	114	12	2	12	4	70
200 g Gurke, frisch (1 Portion)	108	26	2	+	4	2	+
200 g Karotten/Möhren (1 Portion)	344	82	2	+	17	6	40

	Joule kJ	Kalorien kcal	Eiweiß g	Fett g	Kohlenhydrate g	Ballaststoffe g	Harnsäure mg
200 g Kartoffeln (1 Portion)	602	144	4	+	32	4	20
200 g Kohlrabi (1 Portion)	260	62	4	+	11	2	40
30 g Kopfsalat (1 Portion)	21	5	+	+	1	1	9
30 g Kresse (1 Portion)	58	14	1	+	1	+	●
200 g Lauch/Porree (1 Portion)	226	54	4	1	8	2	60
200 g Paprika (1 Portion)	200	48	2	1	8	4	●
5 g Petersilie (1 geh. Eßl.)	13	3	+	+	+	+	2
125 g Pfifferlinge a. d. Dose	173	41	2	1	7	1	44
50 g Radieschen (1 Portion)	42	10	1	+	2	1	7
125 g Rettich (1 Portion)	100	24	1	+	4	+	19
200 g Rosenkohl (1 Portion)	436	104	10	1	13	8	100
200 g Rot-, Weiß- oder Wirsingkohl	252	60	3	1	11	6	40
200 g rote Bete, frisch (1 Portion)	368	88	3	+	18	6	30
200 g Sauerkraut (1 Portion)	206	50	3	1	8	4	40
5 g Schnittlauch (1 geh. Eßl.)	11	3	+	+	+	+	●
200 g Schwarzwurzeln (1 Portion)	652	156	3	1	34	4	10
200 g Sellerie (1 Portion)	334	80	3	1	15	4	60
300 g Spargel (1 Portion)	327	78	7	1	11	3	90
200 g Spinat (1 Portion)	252	60	6	1	7	2	140
125 g Steinpilze (1 Portion)	178	43	4	1	6	1	62
60 g Tomate (1 mittelgroße)	53	13	1	+	2	1	6
125 g Zuckermais (1 Portion)	539	129	4	2	25	5	0
50 g Zwiebel (1 mittelgroße)	84	20	1	+	4	+	0

Hülsenfrüchte

	Joule kJ	Kalorien kcal	Eiweiß g	Fett g	Kohlenhydrate g	Ballaststoffe g	Harnsäure mg
90 g Bohnenkerne, weiß (1 Portion)	1228	293	20	1	50	20	117
90 g Erbsen, getrocknet, geschält	1311	312	21	1	55	1	130
90 g Linsen (1 Portion)	1251	298	21	1	51	4	166

Milch und Milchprodukte

	Joule kJ	Kalorien kcal	Eiweiß g	Fett g	Kohlenhydrate g	Ballaststoffe g	Harnsäure mg
¼ l Buttermilch	430	103	10	3	10	0	0
10 g Dosenmilch/Kondensmilch mit 4% Fett (2 Teel.)	45	11	1	0	1	0	0
150 g Joghurt, fettarm, mit 1,5% Fett	303	72	5	2	7	0	0
150 g Joghurt mit 3,5% Fett	429	102	6	6	7	0	0
150 g Joghurt mit Frucht, mit 1,5% Fett	524	125	5	2	23	●	0
150 g Joghurt mit Frucht, mit 3,5% Fett	636	152	5	5	23	●	0
150 g Magerjoghurt	240	57	7	+	7	0	0
250 g Kefir mit 3,5% Fett	663	158	8	9	12	0	0
¼ l Milch mit 3,5% Fett	673	160	8	9	12	0	0

	Joule kJ	Kalorien kcal	Eiweiß g	Fett g	Kohlen-hydrate g	Ballast-stoffe g	Harn-säure mg
¼ l Milch, fettarm, mit 1,5% Fett	473	113	8	4	12	0	0
¼ l Magermilch	358	85	9	+	12	0	0
10 g Sahne mit 10% Fett (Kaffeesahne, 1 Eßl.)	52	12	+	1	+	0	0
10 g Sahne, süß, mit 30% Fett	130	31	+	3	+	0	0
15 g saure Sahne mit 10% Fett	72	17	+	2	1	0	0
250 g Sauermilch oder Dickmilch mit 3,5% Fett	663	158	9	9	11	0	0
50 g Speisequark, mager (1 geh. Eßl.)	162	39	7	+	2	0	0
50 g Speisequark mit 20% Fett i. Tr.	244	58	6	3	2	0	0
50 g Speisequark mit 40% Fett i. Tr.	351	84	6	6	2	0	0
25 g Camembert mit 30% Fett i. Tr.	225	54	5	3	+	0	0
25 g Chester mit 45% Fett i. Tr. (1 Scheibe)	406	97	7	7	+	0	0
25 g Edamer mit 30% Fett i. Tr. (1 Scheibe)	278	66	7	4	+	0	0
25 g Edamer mit 45% Fett i. Tr. (1 Scheibe)	388	92	6	7	+	0	0
25 g Emmentaler mit 45% Fett i. Tr. (1 Scheibe)	418	100	7	8	+	0	0
25 g Gouda mit 45% Fett i. Tr. (1 Scheibe)	403	96	6	7	+	0	0
30 g Harzer, Mainzer Käse	169	40	9	1	+	●	0
25 g Limburger mit 20% Fett i. Tr.	196	47	7	2	+	0	0
30 g Schmelzkäse mit 20% Fett i. Tr.	207	49	5	2	2	0	+
30 g Schmelzkäse mit 45% Fett i. Tr.	371	88	4	7	+	0	+
25 g Tilsiter mit 30% Fett i. Tr. (1 Scheibe)	296	71	7	4	+	0	0
25 g Tilsiter mit 45% Fett i. Tr. (1 Scheibe)	375	89	7	7	+	0	0
Obst, Nüsse							
50 g Ananas (1 Scheibe)	119	29	+	+	7	+	0
150 g Apfel (1 großer)	357	86	+	1	20	3	7
60 g Apfel, getrocknet (1 Portion)	718	172	1	1	40	2	●
50 g Aprikose (1 mittelgroße)	115	28	1	+	6	1	+
60 g Aprikosen, getrocknet	733	175	3	+	40	2	6
150 g Banane (1 mittelgroße)	603	144	2	+	34	5	0
150 g Birne (1 große)	377	90	1	1	20	3	7
125 g Brombeeren (1 Portion)	256	61	2	1	11	9	0
60 g Datteln (1 Portion)	753	180	1	+	43	2	9
250 g Erdbeeren (1 Portion)	388	93	2	1	18	5	25
100 g Erdnüsse, frisch	1399	333	15	25	12	2	100

Diätkompaß

	Joule kJ	Kalorien kcal	Eiweiß g	Fett g	Kohlen-hydrate g	Ballast-stoffe g	Harn-säure mg
20 g Feige, getrocknet (1 mittelgroße)	232	55	1	+	13	4	●
250 g Grapefruit (1 mittelgroße)	450	108	2	1	25	3	0
100 g Haselnüsse	2755	656	13	61	11	3	30
125 g Heidelbeeren (1 Portion)	330	79	1	1	17	3	0
125 g Himbeeren (1 Portion)	240	58	2	1	12	9	0
125 g Johannisbeeren, rot (1 Portion)	235	56	1	+	12	10	0
125 g Johannisbeeren, schwarz	283	68	2	+	15	11	0
125 g Kirschen, süß (1 Portion)	376	90	1	1	20	+	0
125 g Kirschen, Sauer- (1 Portion)	324	78	1	1	17	+	0
100 g Kiwi (1 große)	172	41	1	+	9	●	●
60 g Mandarine (1 mittelgroße)	113	27	+	+	6	1	0
100 g Mandeln	2688	640	19	54	20	3	30
100 g Maronen (Eßkastanien)	903	215	3	2	46	1	●
125 g Mirabellen (1 Portion)	350	84	1	+	19	1	●
200 g Orange (1 große)	444	106	2	+	24	2	0
125 g Pfirsich (1 mittelgroßer)	225	54	1	+	12	1	0
250 g Pflaumen (1 Portion)	700	168	2	+	40	18	0
60 g Pflaumen, getrócknet	733	175	1	+	42	10	0
125 g Preiselbeeren (1 Portion)	240	58	1	1	12	2	0
200 g Rhabarber (1 Portion)	150	36	1	+	7	6	20
250 g Reineclauden (1 Portion)	753	180	2	●	43	8	●
60 g Rosinen (1 Portion)	629	148	1	●	39	4	0
200 g Stachelbeeren (1 Portion)	318	76	2	+	17	6	0
100 g Walnüsse	2898	690	15	64	14	2	25
250 g Wassermelone (1 Portion)	283	68	2	1	14	3	0
200 g Weintrauben (1 Portion)	610	146	1	1	34	2	0
250 g Zuckermelone/Honigmelone (1 Portion)	225	53	2	●	13	3	0
Sonstiges							
20 g Honig (1 gestr. Eßl.)	272	65	+	0	16	0	0
20 g Marmelade i. D. (1 gestr. Eßl.)	220	53	+	0	13	+	0
20 g Marmelade, kalorienreduziert (1 gestr. Eßl.)	100	25	+	0	6	0	0
1 Tablette Süßstoff	0	0	0	0	0	0	0
5 g Zucker (1 gestr. Teel.)	84	20	0	0	5	0	0

Quellen: Die große GU Nährwert-Tabelle, Ausg. 86/87 (Gräfe und Unzer) sowie Richtige Ernährung bei erhöhtem Harnsäurespiegel und Gicht, 1983 (Deutsche Gesellschaft für Ernährung).

Kleine Ernährungslehre

Unsere Nahrungsmittel bestehen aus den energieliefernden Nährstoffen (Eiweiß, Fett, Kohlenhydrate) und den Wirkstoffen (Vitamine, Mineralstoffe, Spurenelemente), hinzu kommen Wasser sowie Geschmacks- und Duftstoffe.
Durch die neuen Richtlinien der Deutschen Gesellschaft für Ernährung e. V. für die Nährstoffzufuhr hat sich hier heute einiges geändert: Die Eiweißzufuhr ist geringer geworden. Die gesamte Fettzufuhr wurde reduziert. Die Kohlenhydratzufuhr wurde in Form von ballaststoffreichen Nahrungsmitteln erhöht. Dabei werden der Vitamin-, der Mineralstoffbedarf und der Bedarf an bestimmten Spurenelementen sowie an essentiellen (lebensnotwendigen) Fettsäuren gedeckt. So kann man sagen, daß bei einer guten gemischten Kost, die fettarm und schonend zubereitet wird, eine optimale Ernährung gewährleistet ist.

Energie

Die Kalorie ist die Energie, die bei der Verbrennung der Nährstoffe im Körper frei wird, genauer: 1 Kilokalorie (große Kalorie) ist die Energiemenge, die notwendig ist, um 1 l Wasser um 1 Grad (von 14,5° auf 15,5° C) zu erwärmen. Seit 1978 ist anstelle der Kalorie das Joule (Kilojoule) getreten, nach dem englischen Physiker J. P. Joule benannt. 1 Kilokalorie (kcal) = 4,186 Kilojoule (kJ).
1 g Eiweiß liefert 17,2 Kilojoule (kJ) = 4,1 Kilokalorien (kcal).
1 g Fett liefert 38,9 Kilojoule (kJ) = 9,3 Kilokalorien (kcal).
1 g Kohlenhydrate liefert 17,2 Kilojoule (kJ) = 4,1 Kilokalorien (kcal).
Anmerkung: 1 g Alkohol liefert 29,3 Kilojoule = 7,0 Kilokalorien. Hätten Sie das gewußt?

Normalgewicht/Idealgewicht nach der »Broca«-Formel berechnet:
Körperlänge in Zentimeter minus 100 = Kilogramm *Normalgewicht,* zum Beispiel hat ein Mann von 170 cm Größe minus 100 = 70 kg Normalgewicht.
Für das *Idealgewicht* zieht man beim Mann nochmals 10%, bei der Frau 15% ab. Das Idealgewicht muß nicht angestrebt werden.

Eiweiß

Das Eiweiß (Protein) dient in erster Linie dem Aufbau und der Erhaltung der Körperzellen. Erst in zweiter Linie hat es als Energiequelle Bedeutung. Der gesunde Erwachsene braucht pro Tag mindestens 0,8 g Eiweiß pro Kilogramm Körpergewicht.
Bei 0,8 g Eiweiß pro Kilogramm Körpergewicht bedeutet das im Fall des Mannes von 70 kg = 70 × 0,8 = 56 g Eiweiß pro Tag. Die tägliche Eiweißzufuhr sollte somit beim Erwachsenen um 45–55 g liegen oder 10% der täglichen Energiemenge (Joule/Kalorien) ausmachen. Beispiel: Bei einem Tagesbedarf von 2000 Kalorien entsprechen 10% = 200 Kalorien bei 4,1 Kalorien pro Gramm Eiweiß (siehe oben) = 48,78 oder rund 50 g Eiweiß.
Wichtig: Die Hälfte der täglichen Gesamteiweißmenge sollte tierischer Herkunft sein, weil darin bestimmte, für den menschlichen Körper lebensnotwendige Aminosäuren (Eiweißbausteine) enthalten sind. Tierisches Eiweiß (überwiegend in Trinkmilch, fettarmer Milch, Magermilch, Joghurt, Dickmilch, Quark, Käse, Fleisch, Fisch und Ei) und pflanzliches Eiweiß (in Kartoffeln, Getreideprodukten, Hülsenfrüchten, Sojabohnen und vielem mehr) ergänzen sich in der Ernährung vortrefflich.

Fett

Fett ist unter den Nährstoffen die größte Energiequelle. Die Art des Fettes wird durch den Gehalt an gesättigten und mehrfach ungesättig-

ten Fettsäuren bestimmt (siehe Seite 14). Die tägliche Fettzufuhr soll 25–30% der Energiemenge betragen. Bei unserem Beispiel von 2000 Kalorien pro Tag bedeutet das bei 30% Fettanteil = 64,5 oder rund 65 g Gesamtfett. Die Tageshöchstmenge sollte beim Mann 70–80 g, bei der Frau 60–70 g nicht überschreiten.
Wichtig: Die Gesamtfettmenge setzt sich aus den sichtbaren Fetten (Koch- und Streichfett wie Butter, Margarine, Öl, Schmalz und so weiter) und den unsichtbaren (versteckten) Fetten (in Fleisch, Wurst, fettem Fisch, Vollmilch, Käse, Eiern, Nüssen und Schokolade) zusammen.

Kohlenhydrate

Die Kohlenhydrate Stärke und Zucker liefern ebenfalls Energie. Der Tagesbedarf sollte bei 55–60% der gesamten Energiemenge liegen. Beispielsweise bei 2000 Kalorien täglich sind 60% = 292,6 oder rund 295 g Kohlenhydrate zu rechnen. Es kommt nun darauf an, kohlenhydrathaltige Nahrungsmittel mit einer hohen »Nährstoffdichte« zu wählen: Vollkornerzeugnisse, Kartoffeln, Hülsenfrüchte Gemüse, Obst. Bei diesen ist die Zufuhr von Ballaststoffen, Mineralstoffen und wasserlöslichen Vitaminen gesichert.
Kohlenhydrate sind enthalten in Zucker (Bonbons, Konfekt), Honig, Marmelade, in Getreide und daraus hergestellten Produkten (Brot, Nudeln), in Kartoffeln, Gemüse und Obst, in kleineren Mengen auch in der Milch. Auch Liköre, Limonaden, Obst- und Gemüsesäfte, Bier sind kohlenhydrathaltig!
Wichtig: Zucker enthält reine Kohlenhydrate (sogenannte »tote Kalorien«), die Zahnkaries fördern und bestimmte Vitamine der B-Gruppe »rauben«. Er sollte nur in geringen Mengen verzehrt werden. Bei hohem Zuckerverzehr wird der Appetit angeregt und Kohlenhydrate, die der Körper nicht verbraucht, werden in Fett umgewandelt und gespeichert. (Ausnahme: Schwere körperliche Arbeit kann Fettdepots abbauen.)

Ballaststoffe

Die Zellulose gehört zwar auch zu den Kohlenhydraten, ist aber ein »Ballaststoff« und wird im Körper nicht verdaut. Ballaststoffe sind sehr wichtig, denn sie haben einen hohen Sättigungswert (bei Reduktionskost wird zum Beispiel der Hunger gestillt), fördern die »Verdauung« und beugen dem Darmkrebs vor. Der tägliche Bedarf an Ballaststoffen beträgt 30 g.
Ballaststoffe sind in pflanzlichen Nahrungsmitteln wie Gemüse, auch Hülsenfrüchten, Obst und Vollkornerzeugnissen reichlich enthalten.

Wirkstoffe

Die Wirkstoffe (Vitamine, Mineralstoffe und Spurenelemente) sind für die Funktionen des menschlichen Organismus unentbehrlich.
Die *Vitamine* werden eingeteilt in

- fettlösliche Vitamine: A, D, E und K in fetthaltigen tierischen Nahrungsmitteln. Nur die Vorstufe des Vitamin A, das Carotin, findet man in pflanzlichen Nahrungsmitteln (Gemüse, Obst).
- wasserlösliche Vitamine: C und B-Gruppe.

Vitamin C ist vor allem in Zitrusfrüchten, in Beeren, in vielen anderen Obstsorten und in Gemüse enthalten. Die Vitamine der B-Gruppe finden sich in pflanzlichen (Gemüse, Hülsenfrüchte, Obst, Vollkornprodukte) und tierischen Nahrungsmitteln (Fleisch, Geflügel, Fisch, Milch, Milchprodukte).

Wenn Gäste kommen, sind die Tomaten mit Rohkostfüllung ein feiner Imbiß, der nicht nur köstlich schmeckt, sondern auch sehr apart aussieht. Rezept Seite 34. ▷

Zu den *Mineralstoffen* gehören Calcium, Kalium, Natrium, Phosphor, Magnesium. Bei einer abwechslungsreichen, gemischten Kost wird der Mineralstoffbedarf gedeckt. Zu empfehlen ist täglich ¼ bis ½ Liter Milch (fettarme Milch, Buttermilch) wegen des hohen Calciumgehaltes (wichtig für Knochen und Zähne) und des enthaltenen hochwertigen Eiweißes.
Zu den *Spurenelementen* zählen Eisen, Jod, Fluor, Mangan. Auch sie haben viele Aufgaben im Organismus. In Fleisch, Geflügel und pflanzlichen Nahrungsmitteln ist Eisen zu finden. Bei Jodmangel empfiehlt die Deutsche Gesellschaft für Ernährung, 1- bis 2mal pro Woche Seefisch zu essen und nur mit Jodsalz (jodiertem Kochsalz) zu salzen (siehe Seite 15).

Wasser

Auch das Wasser ist für den Organismus von Bedeutung. Es dient zum Beispiel als Lösungs- und Transportmittel der Nährstoffe im Blut. Der Gesunde braucht täglich etwa 2 Liter Flüssigkeit, davon 1 bis 1½ Liter als Getränke, der Rest in wasserhaltigen Nahrungsmitteln (Obst, Gemüse, Kartoffeln und so weiter). Besonders ältere Menschen sollten auf genügende Flüssigkeitszufuhr achten.

◁ Feinschmecker bevorzugen selbstgemachte Teigwaren. Sie sehen von links nach rechts, wie einfach es geht: Die Eier in die Mehlmulde setzen, mit einer Gabel langsam verrühren, den Teig gut kneten, unter der Schüssel ruhen lassen, eine Teigplatte ausrollen, die Teigrolle in Scheiben schneiden, die dann zu Nudeln auseinanderfallen. Rezept Seite 59.

Aromastoffe

Hierzu zählen die Gewürze. Auch diese Stoffe sollten in der Kost nicht fehlen, denn sie regen den Appetit und den Speichelfluß an und sorgen damit für die Bekömmlichkeit der Nahrung.

Genußmittel

Sie gehören nicht zur Ernährung, sind aber in unserer Lebensweise unter Umständen vorhanden: Alkohol, Nikotin, Bohnenkaffee und schwarzer Tee. Wer meint, nicht darauf verzichten zu können, bei dem wird gegen ein Gläschen Wein oder Sekt (nicht regelmäßig), ein Pfeifchen mit Filter, 3–4 Tassen Bohnenkaffee oder schwarzen Tee pro Tag nichts einzuwenden sein. Das gilt allerdings für Gesunde, und Sie sollten im Zweifelsfalle unbedingt immer Ihren Arzt fragen!

Tips für die Diätküche

Viele der folgenden Tips sind für jede gesundheitsbewußte Ernährung zu empfehlen, etwa der überlegte Einkauf oder die schonende Vor- und Zubereitung der Nahrungsmittel. Bei einer Diät für Kranke sind sie erst recht wichtig, und manches ist hier noch speziell zu beachten.

Richtiger Einkauf

- Frisches Obst, Gemüse, Fleisch, Geflügel und frischer Fisch dürfen nicht überlagert sein.
- Tiefkühlware muß aus einer gepflegten (nicht vereisten) Gefriertruhe stammen.
- Bei verpackter Ware und bei Konserven Verfallsdatum beachten. Vorsicht, Dosen mit gewölbtem Deckel können bereits Krankheitserreger enthalten!
- Größere Mengen Frischware kühl und zugedeckt (lichtgeschützt) aufbewahren oder rasch

verarbeiten (sonst Nährstoffverluste).

- Deklaration der Waren beachten:
Bei Öl/Margarine ist der Gehalt an mehrfach ungesättigten Fettsäuren (siehe Seite 14) wichtig. Kaltgepreßte Öle sind Öle, die ohne Hitzeeinwirkung und ohne chemische Extraktionsstoffe hergestellt worden sind. Sie sind zu bevorzugen.
- Fett i. Tr. (in der Trockenmasse) als Angabe bei Käse: der absolute Fettanteil beträgt etwas mehr als die Hälfte der genannten Fettstufe, also bei 100 g Edamer Käse (40% Fett i. Tr.) ist der absolute Fettgehalt etwa 22 g.

Richtige Zubereitung

- Alle Nahrungsmittel schonend vor- und zubereiten, damit die Inhaltsstoffe so weit wie möglich erhalten bleiben.
- Zutaten, die geputzt, gewaschen, zerschnitten werden müssen, nicht in Wasser liegenlassen, nicht kleiner schneiden als nötig.
- Das passende Kochgeschirr (mit gut schließendem Deckel) wählen.
- In möglichst wenig Flüssigkeit garen. Das Gargut erst zugeben, wenn die Flüssigkeit kocht, damit sich die Poren rasch schließen.
- Gemüse zugedeckt garen und häufiges Umrühren vermeiden (sonst Vitaminverluste).
- Ungeschälter Reis (Naturreis) und Vollkornteigwaren benötigen eine längere Garzeit als geschälter Reis und herkömmliche Teigwaren.
- Fettsparende oder fettlose Gartechniken für Fleisch und Fisch sind Kochen, Dämpfen, Grillen, Braten in kunststoffbeschichteter Pfanne, in Alufolie, in Braten-Klarsichtfolie (Bratfolie) oder Garen im Tontopf und Edelstahltopf.
- Vitamin- und mineralstoffsparende Gartechniken (besonders für Gemüse) sind kurzes Dünsten in wenig Wasser, Dämpfen im Siebeinsatz oder in Spezialtöpfen. Die zum Dämpfen benötigte Flüssigkeit für eine Sauce weiterverwenden.
- Speisen möglichst nicht lange warm halten oder aufwärmen (sonst Vitaminverluste).

Zu den Rezepten dieses Buches

- **Mengenangaben:** Die Mengen sind in Gramm und als zusätzliche Hilfe wo möglich in Löffeln oder Stück angegeben. Sie sollten sich aber unbedingt eine Diätwaage anschaffen und einmal Scheiben von Käse, Brot und ähnlichem abwiegen und Ihre Ergebnisse mit denen im Rezept vergleichen. Auch Löffel sind nicht immer gleich groß. Lebensmittel, bei denen durch Putzen Abfall entsteht, sind in verzehrbarer Menge angegeben.
- **Nährwertberechnung:** Die in den Rezepten angegebenen Werte beziehen sich auf den verzehrbaren Anteil der Nahrungsmittel.
- **Garzeiten:** Die angegebenen Garzeiten sind Anhaltspunkte. Sie können sich nach oben oder unten verschieben je nach Beschaffenheit des Koch- oder Bratgutes sowie Ihres Herdtyps. Vor allem beim Gasherd ist die Garzeit variabel.
- **Diätfette:** Der Einfachheit halber wird von »Diätöl« oder »Diätmargarine« gesprochen. Gemeint sind damit alle Fettarten, die einen besonders hohen Anteil an mehrfach ungesättigten Fettsäuren aufweisen (siehe Seite 14).
- **Salz/Gewürz:** Wenn erforderlich, sollte maßvoll und am besten mit Jodsalz gesalzen werden. Im übrigen lassen sich Gewürze und Kräuter hervorragend anstelle von Salz einsetzen.
- **Süßstoff:** Süßstoffe sind in flüssiger Form, als Pulver oder Tabletten im Handel. Bei Zuckerkrankheit und Übergewicht sollten Sie damit süßen. Es können Natriumcyclamat, Saccharin oder beide in Kombination verwendet werden. Neuerdings gibt es in Apotheken Süßstofftabletten mit dem Aminosäure-Präparat »Aspartame« (Canderel). Ihre Süßungskraft wird aus Eiweißbausteinen gewonnen, wie sie in Früchten und vielen anderen Nahrungsmitteln natürlich vorkommen. 1 Tablette enthält nur 0,34 Kalorien.
- **Abwandlung für die übrige Familie:** Nehmen Sie jeweils von der zubereiteten Speise erst die Diätportion ab. Den Rest des Gerichtes reichern Sie dann nach Vorschlag oder nach Belieben an.

Frühstücksvariationen

Frühstück 1

Zutaten für 1 Portion:
250 g fettarme Milch mit 1,5% Fett (¼ l) · Süßstoff · 20 g Reis-, Hafer- oder Weizenflocken (2 Eßl.) oder Corn-flakes (5 gehäufte Eßl.)

Nährwert etwa: 780 kJ/190 kcal
11 g Eiweiß · 6 g Fett · 25 g Kohlenhydrate · 0 g Ballaststoffe · 18 mg Harnsäure

- Zubereitungszeit: etwa 5 Minuten

So wird's gemacht: Die Milch mit Süßstoff nach Geschmack verrühren und die Flocken hinzufügen.

> **Mein Tip** Wer Normalgewicht hat (siehe Seite 25), kann statt des Süßstoffs 1 gestrichenen Teel. Zucker (5 g) mit der Milch verrühren.

Frühstück 2

Zutaten für 1 Portion:
2 Tassen Kaffee oder Tee · Süßstoff nach Geschmack · 10 g Dosenmilch mit 4% Fett (2 Teel.) · 40 g Vollkornbrot (1 Scheibe) · 40 g Brötchen (1 Stück) · 10 g Diätmargarine oder Butter (2 gestrichene Teel.) · 25 g Schnittkäse mit 30% Fett i. Tr. (1 Scheibe) · 60 g weich gekochtes Ei (1 mittelgroßes)

Nährwert etwa: 1800 kJ/430 kcal
20 g Eiweiß · 20 g Fett · 39 g Kohlenhydrate · 3 g Ballaststoffe · 9 mg Harnsäure

- Zubereitungszeit: etwa 10 Minuten

Frühstück 3

Zutaten für 1 Portion:
2 Tassen Milchschokolade aus: 250 g fettarmer Milch mit 1,5% Fett (¼ l), 10 g Kakaopulver (2 gestrichene Eßl.) und Süßstoff nach Geschmack · 40 g Mischbrot (1 Scheibe) · 5 g Diätmargarine oder Butter (1 gestrichener Teel.) · 30 g deutsches Corned beef (1 Scheibe) · 50 g Tomate (1 mittelgroße)

Nährwert etwa: 1400 kJ/330 kcal
21 g Eiweiß · 11 g Fett · 34 g Kohlenhydrate · 3 g Ballaststoffe · 21 mg Harnsäure

- Zubereitungszeit: etwa 10 Minuten

Frühstück 4

Zutaten für 1 Portion:
1 Portion Müsli (Rezept Seite 33) · 200 g Grapefruitsaft (1 Glas) · 1 Tasse Kaffee oder Tee · Süßstoff nach Geschmack · 5 g Dosenmilch mit 4% Fett (1 Teel.) · 10 g Knäckebrot (1 Scheibe) · 5 g Diätmargarine oder Butter (1 gestrichener Teel.) · 30 g Camembert mit 30% Fett i. Tr.

Nährwert (ohne Müsli) etwa: 930 kJ/220 kcal
10 g Eiweiß · 9 g Fett · 25 g Kohlenhydrate · 1 g Ballaststoffe · 6 mg Harnsäure

- Zubereitungszeit: etwa 10 Minuten

Abwandlung für die übrige Familie: Bei jedem Frühstück kann die fettarme Milch durch Vollmilch beziehungsweise Sahne und der Süßstoff durch Zucker ersetzt werden. Auch kann zusätzlich Marmelade, Gelee oder Honig gegessen werden.

Frühstück nach Wahl

Aus der folgenden Übersicht können Sie sich ein Frühstück oder Zwischenmahlzeiten nach eigenem Geschmack zusammenstellen (siehe auch Tabelle auf Seite 19).

Nahrungsmittel (eßbarer Anteil)	Nährwert etwa kJ	kcal	Eiweiß g	Fett g	Kohlenhydrate g	Ballaststoffe g	Harnsäure mg
40 g Brötchen (1 Stück)	450	110	4	1	22	1	8
10 g Corn-flakes (5 Eßl.)	160	40	1	0	9	1	1
40 g Grahambrot (1 Scheibe)	420	100	3	–	19	–	–
10 g Knäckebrot (1 Scheibe)	150	35	1	0	7	1	6
50 g Pumpernickel (1 Scheibe)	435	105	3	1	20	3	2
40 g Roggenbrot (1 Scheibe)	370	90	3	1	18	2	–
50 g Roggenmischbrot (1 Scheibe)	500	120	4	1	24	2	20
25 g Toastbrot (1 Scheibe)	285	70	2	1	13	1	4
50 g Weizenvollkornbrot (1 Scheibe)	450	110	4	1	20	3	20
50 g Weizenmischbrot (1 Scheibe)	500	120	4	1	24	2	20
10 g Zwieback (1 Stück)	160	40	1	1	8	0	3
10 g Butter (2 gestr. Teel.)	320	75	0	9	0	0	0
10 g Halbfett-Margarine (2 gestr. Teel.)	160	40	1	4	0	0	0
10 g Diätmargarine (2 gestr. Teel.)	300	70	0	8	0	0	0
20 g Honig (1 gestrichener Eßl.)	280	65	0	0	16	0	0
20 g Marmelade i. D. (1 gestr. Eßl.)	220	50	0	0	15	1	0
10 g Zucker (2 gestr. Teel.)	170	40	0	0	10	0	0
30 g Camembert mit 45% i. Tr.	360	85	6	7	0	0	0
25 g Schnittkäse mit 30% Fett i. Tr.	280	65	7	4	0	0	0
25 g Schnittkäse mit 40% Fett i. Tr.	355	85	7	6	1	–	0
25 g Emmentaler Käse mit 45% Fett i. Tr.	420	100	7	8	0	0	0
30 g Schmelzkäse mit 20% Fett i. Tr.	370	90	5	7	0	0	–
50 g magerer Speisequark (1 geh. Eßl.)	160	40	7	0	2	0	0
60 g Ei (1 mittelgroßes)	340	80	7	6	0	0	1
30 g magerer gekochter Schinken (1 Scheibe)	330	80	6	7	0	0	33
30 g magerer roher Schinken (1 Scheibe)	480	110	5	11	0	0	21
30 g Frühstücksfleisch (Luncheon meat)	395	95	4	8	–	–	–
200 g Buttermilch (1 Glas)	340	80	8	2	8	0	0
200 g Kakao (1 Glas)	940	225	8	8	29	–	0
200 g Trinkmilch mit 3,5% Fett (1 Glas)	540	130	7	7	10	0	0
200 g fettarme Trinkmilch mit 1,5% Fett	380	90	7	3	10	0	0
150 g Joghurt aus Trinkmilch mit 3,5% Fett	430	100	6	6	7	0	0
150 g fettarmer Joghurt mit 1,5% Fett	300	70	6	3	7	0	0
150 g Fruchtjoghurt mit 3,5% Fett (1 Becher)	630	150	5	5	21	–	0
150 g Fruchtjoghurt mit 1,5% Fett (1 Becher)	520	120	6	2	23	0	0
200 g Apfelsaft (1 Glas)	390	95	0	0	23	0	0
200 g Grapefruitsaft (1 Glas)	330	80	2	0	18	0	0
200 g Möhrensaft (1 Glas)	230	55	1	–	12	–	0
200 g Orangensaft (1 Glas)	390	95	2	1	21	0	0
200 g Tomatensaft (1 Glas)	150	35	2	1	7	0	0
200 g Traubensaft (1 Glas)	580	140	1	0	34	0	0

Imbisse · Kleine Mahlzeiten

Flockenmüsli mit Birne

Zutaten für 1 Portion:
15 g Rosinen (1 gehäufter Eßl.) · 30 g Vollkornhaferflocken (3 gehäufte Eßl.) · 150 g fettarme Milch mit 1,5% Fett · 120 g Birne (1 mittelgroße) · 10 g grobgehackte Walnüsse (3 Kerne) · 10 g Zitronensaft (2 Teel.) · Süßstoff · 1 Prise Salz

Nährwert etwa: 1500 kJ/360 kcal
12 g Eiweiß · 11 g Fett · 55 g Kohlenhydrate · 6 g Ballaststoffe · 35 mg Harnsäure

- Zubereitungszeit: etwa 15 Minuten

So wird's gemacht: Die Rosinen waschen und mit Küchenkrepp trockentupfen. Die Haferflocken und die Rosinen in einer mittelgroßen Schüssel mit der Milch vermischen. • Die Birne waschen, vierteln, vom Kerngehäuse befreien und ungeschält an die Haferflocken raspeln. Die Walnüsse daruntermischen und das Müsli mit dem Zitronensaft, Süßstoff und dem Salz abschmecken.

Variante: Jedes andere Frischobst kann im gleichen Mengenverhältnis verwendet werden.

Abwandlung für die übrige Familie: Zusätzlich 1–2 Eßlöffel Sahne unter das Müsli rühren. Mit Honig nachsüßen.

Gewürzkefir mit Trauben

Zutaten für 1 Portion:
250 g Kefir mit 1,5% Fett (1 Becher) · 10 g Zitronensaft (2 Teel.) · je 1 Messerspitze Zimt-, Nelken- und Ingwerpulver · Süßstoff · 100 g Weintrauben (14 große Beeren)

Nährwert etwa: 980 kJ/230 kcal
9 g Eiweiß · 9 g Fett · 29 g Kohlenhydrate · 0 g Ballaststoffe · 0 mg Harnsäure

- Zubereitungszeit: etwa 15 Minuten

So wird's gemacht: Den Kefir mit dem Zitronensaft, den Gewürzen und Süßstoff in einer mittelgroßen Schüssel glattrühren. • Die Weintrauben in einem Sieb erst heiß, dann kalt abspülen, abtropfen lassen, halbieren, entkernen und unter den Kefir heben.

Abwandlung für die übrige Familie: Zusätzlich 1 Schuß Rum und 1 Eßlöffel Sahne unter den Kefir rühren. Eventuell mit Zucker nachsüßen.

Gurken-Zwiebel-Toast

Zutaten für 1 Portion:
25 g Toastbrot (1 Scheibe) · 5 g Diätmargarine oder Butter (1 gestrichener Teel.) · 20 g roher Schinken (1 dünne Scheibe) · 50 g Salatgurke · 20 g Zwiebel (1 kleine) · Salz · weißer Pfeffer, frisch gemahlen · 5 g Zitronensaft (1 Teel.) · 30 g Schnittkäse mit 40% Fett i. Tr. (1 Scheibe)

Nährwert etwa: 1300 kJ/310 kcal
14 g Eiweiß · 21 g Fett · 15 g Kohlenhydrate · 3 g Ballaststoffe · 18 mg Harnsäure

- Zubereitungszeit: etwa 20 Minuten

So wird's gemacht: Das Brot toasten und mit der Margarine oder Butter bestreichen. Den Schinken vom Fettrand befreien und kleinschneiden. Die Gurke schälen und grob in eine mittelgroße Schüssel raspeln. Die Zwiebel schälen und sehr klein würfeln. • Die Schinken-, Gurken- und Zwiebelstückchen vermischen und mit Salz, Pfeffer sowie dem Zitronensaft abschmecken. Die Mischung auf dem Toast verteilen und mit dem Käse abdecken. • Den Toast im vorgeheizten Grill oder im Backofen 3–5 Minuten überbacken.

Tomaten mit Rohkostfüllung

Bild Seite 27

Zutaten für 4 Portionen:
600 g Tomaten (4 große Fleischtomaten) · 150 g saure Sahne mit 10% Fett · 50 g magerer Speisequark (1 gehäufter Eßl.) · 30 g Zitronensaft (3 Eßl.) · Salz · weißer Pfeffer, frisch gemahlen · 1 gestrichener Teel. Senf · 1 Messerspitze Delikateß-Paprikapulver · 75 g Kopfsalat (1 kleiner Kopf) · 75 g frische Champignons · 100 g Zucchini (1 kleiner Zucchino) · 100 g frische Erbsen, enthülst, oder tiefgefrorene Erbsen · 150 g sehr reifer Pfirsich (1 großer) oder 2 ungezuckerte halbe Pfirsiche aus Dose/Glas · 60 g Tomate (1 mittelgroße)

Nährwert pro Portion etwa: 600 kJ/140 kcal
8 g Eiweiß · 5 g Fett · 18 g Kohlenhydrate · 7 g Ballaststoffe · 46 mg Harnsäure

- Zubereitungszeit: etwa 30 Minuten
- Marinierzeit: etwa 20 Minuten

So wird's gemacht: Die Fleischtomaten unter fließendem kaltem Wasser waschen und mit Küchenkrepp trockentupfen. Am Stielansatz eine Kappe abschneiden, mit einem Teelöffel das Tomateninnere herauslösen und anderweitig verwenden. • In einer großen Schüssel die saure Sahne mit dem Quark, dem Zitronensaft, Salz, Pfeffer, dem Senf und dem Paprikapulver zu einer dicklichen Sauce rühren. • Den Kopfsalat putzen, in Blätter zerlegen, kalt waschen und trockenschleudern. Mit den großen Außenblättern eine Platte auslegen. Das Salatinnere in Streifen schneiden. • Die Champignons putzen, eventuell waschen und in feine Blättchen schneiden. Den Zucchino kalt waschen, abtrocknen, von den beiden Enden befreien und kleinwürfeln. Die Erbsen kalt abspülen und abtropfen lassen. Tiefgefrorene Erbsen 2 Minuten in kochendem Wasser aufwallen lassen, dann in einem Sieb abtropfen lassen. Den Pfirsich mit kochendheißem Wasser überbrühen, abziehen, halbieren, entsteinen und kleinschneiden oder den Dosenpfirsich abtropfen lassen und kleinwürfeln. Die Tomate waschen, abtrocknen, halbieren, von Stielansatz und Kernen befreien und in kleine Würfel schneiden. • Alle kleingeschnittenen Zutaten vorsichtig mit der Salatsauce vermischen. Den Salat zudecken und etwa 20 Minuten kühl stellen. • Die ausgehöhlten Tomaten mit dem Salat füllen. Die Kappen als Deckel obenauflegen und die Tomaten auf die Platte mit den Salatblättern setzen.

Sauerkraut-Pfirsich-Toast

Zutaten für 1 Portion:
40 g Vollkornbrot (1 Scheibe) · 5 g Diätmargarine oder Butter (1 gestrichener Teel.) · 30 g gebratenes Kasseler (1 dünne Scheibe) · 50 g Sauerkraut (2 gehäufte Eßl.) · 80 g Pfirsich, frisch oder ungezuckert aus Dose/Glas (1 große Pfirsichhälfte) · 30 g Schnittkäse mit 40% Fett i. Tr. (1 Scheibe)

Nährwert etwa: 1600 kJ/380 kcal
17 g Eiweiß · 21 g Fett · 26 g Kohlenhydrate · 4 g Ballaststoffe · 49 mg Harnsäure

- Zubereitungszeit: etwa 20 Minuten

So wird's gemacht: Das Brot toasten und mit der Margarine oder Butter bestreichen. Das Kasseler darauflegen. Das Sauerkraut feinschneiden und darauf verteilen. Die abgezogene Pfirsichhälfte darauflegen und mit dem Käse abdecken. • Den Toast im vorgeheizten Backofen oder Grill 3–5 Minuten überbacken.

Abwandlung für die übrige Familie: Eine dickere Scheibe Kasseler verwenden.

Fischsuppe

Zutaten für 4 Portionen:
400 g Rotbarschfilet, frisch oder tiefgefroren · 25 g Zitronensaft (2½ Eßl.) · Salz · 100 g Zwiebel (1 große) · 1¾ l Wasser oder fettarme Fleischbrühe · 1 Lorbeerblatt · 6 weiße Pfefferkörner · 6 Pimentkörner · 1 kleine getrocknete Pfefferschote · 60 g Möhre (1 große) · 60 g Porree/Lauch (1 kleine Stange) · 40 g Mehl (4 gestrichene Eßl.) · 150 g saure Sahne mit 10% Fett · 1 Röhrchen Kapern · 2–3 Tropfen flüssiger Süßstoff · weißer Pfeffer, frisch gemahlen · 10 g Dill, frisch feingeschnitten (2 gehäufte Eßl.)

Nährwert pro Portion etwa: 870 kJ/210 kcal
21 g Eiweiß · 8 g Fett · 14 g Kohlenhydrate · 3 g Ballaststoffe · 137 mg Harnsäure

- Vorbereitungszeit: etwa 20 Minuten
- Garzeit: etwa 15 Minuten

So wird's gemacht: Die Rotbarschfilets kalt abspülen beziehungsweise antauen lassen, mit 2 Eßlöffeln Zitronensaft beträufeln und salzen. Die Zwiebel schälen und kleinschneiden. • Das Wasser mit Salz oder die Fleischbrühe mit dem Lorbeerblatt, den Gewürzkörnern, der Pfefferschote und der kleingeschnittenen Zwiebel in einem großen Topf zum Kochen bringen. • Die Möhre und den Porree putzen, gut waschen, in feine Streifen schneiden und in die siedende Flüssigkeit geben. Alles zugedeckt etwa 5 Minuten bei schwacher Hitze kochen lassen. • Die Rotbarschfilets in den Sud legen und zugedeckt etwa 10 Minuten ziehen lassen, dann herausnehmen, abtropfen lassen und warm stellen. • Das Mehl mit der sauren Sahne verrühren, und unter Rühren in den Sud einlaufen lassen und einige Minuten bei schwacher Hitze kochen lassen. • Dann die Kapern hineinschütten. Die Suppe mit dem restlichen Zitronensaft, dem Süßstoff, Salz und Pfeffer abschmecken. Zuletzt den Dill darunterrühren. Den Fisch zerpflücken, auf tiefe Teller verteilen und die Fischsuppe darüberfüllen.

Abwandlung für die übrige Familie: Zusätzlich 50 g Krabben und 6 Miesmuscheln aus der Dose in die Fischsuppe geben.

Gerstentopf mit Rindfleisch

Bild Seite 9

Zutaten für 4 Portionen:
2 l Wasser · Salz · 1 Lorbeerblatt · 5 Pimentkörner · 5 weiße Pfefferkörner · 500 g mageres Rindfleisch (Brust oder Beinscheibe) · 150 g geschälte Graupen, zum Beispiel Rollgerste · 500 g Staudensellerie (1 große Staude) · 300 g Möhren (3 große) · 150 g Knollensellerie (1 kleine Knolle) · 250 g Kartoffeln (5 mittelgroße) · 100 g Zwiebel (1 große) · 1 Bund Dill · 10 g Hefeextrakt (1 gestrichener Eßl.) · weißer Pfeffer, frisch gemahlen

Nährwert pro Portion etwa: 2300 kJ/550 kcal
33 g Eiweiß · 22 g Fett · 55 g Kohlenhydrate · 12 g Ballaststoffe · 246 mg Harnsäure

- Vorbereitungszeit: etwa 30 Minuten
- Garzeit: etwa 1 Stunde und 50 Minuten

So wird's gemacht: Das Wasser mit Salz, dem Lorbeerblatt und den Gewürzkörnern in einem großen Topf zum Kochen bringen. Das Fleisch kalt abspülen, ins kochende Wasser geben und zugedeckt bei mittlerer Hitze etwa 1¼ Stunden garen. • Danach das Fleisch herausnehmen und warm stellen. • Die Graupen in einem Sieb heiß abspülen, in die kochende Fleischbrühe schütten, umrühren, und zugedeckt bei schwacher Hitze etwa 20 Minuten quellen lassen. • Inzwischen den Staudensellerie putzen, kalt waschen, die Fäden der Stangen von unten zu den Blättern hin abziehen und die Stangen in kleine Stücke schneiden; die Blätter beiseite legen. Die Möhren, die Sellerieknolle und die Kartoffeln schälen, kalt abspülen, kleinwürfeln und zu den Graupen geben. Die Zwiebel ebenfalls schälen, kleinwürfeln und hinzufügen. Alles verrühren, zum Kochen bringen und bei mittlerer Hitze etwa 15 Minuten garen. • Die Staudenselleriebätter und den gewaschenen Dill feinschneiden und in die Suppe geben. Mit dem Hefeextrakt, Pfeffer und wenig Salz abschmecken. Vor dem Servieren das Lorbeerblatt und die Gewürzkörner entfernen.

Paprika-Möhren-Suppe

Zutaten für 4 Portionen:
400 g grüne Paprikaschoten (4 mittelgroße) · 180 g Möhren (3 große) · 100 g Zwiebel (1 große) · 30 g Diätöl (3 Eßl.) · 1 Lorbeerblatt · 6 Pimentkörner · 6 schwarze Pfefferkörner · 1 kleine frische Pfefferschote · 1¼ l heißes Wasser oder heiße fettarme Fleischbrühe · Salz · schwarzer Pfeffer, frisch gemahlen · Paprikapulver · 5 g Petersilie, frisch feingehackt (1 gehäufter Eßl.)

Nährwert pro Portion etwa: 510 kJ/120 kcal
2 g Eiweiß · 8 g Fett · 10 g Kohlenhydrate · 5 g Ballaststoffe · 9 mg Harnsäure

- Vorbereitungszeit: etwa 20 Minuten
- Garzeit: etwa 25 Minuten

So wird's gemacht: Die Paprikaschoten vierteln, von Stiel und Kernen befreien, kalt abspülen und in feine Streifen schneiden. Die Möhren putzen und in feine Stifte schneiden. Die Zwiebel schälen und in dünne Ringe schneiden. • Das Öl in einem großen Topf erhitzen und das Gemüse darin etwa 5 Minuten andünsten. • Das Lorbeerblatt, die Gewürzkörner und die geputzte Pfefferschote zufügen und das heiße Wasser oder die Brühe angießen. Alles zugedeckt bei schwacher Hitze etwa 20 Minuten kochen lassen. • Die Suppe mit Salz und den Gewürzen abschmecken. Das Lorbeerblatt, die Gewürzkörner und die Pfefferschote entfernen. Mit der Petersilie bestreut servieren.

Abwandlung für die übrige Familie: Zusätzlich 3 Streifen kleingeschnittenen durchwachsenen Räucherspeck ausbraten und mit dem Speckfett über die Suppe gießen.

Sauerkrautsuppe

Zutaten für 4 Portionen:
100 g Zwiebel (1 große) · 200 g gemischtes Hackfleisch · Salz · schwarzer Pfeffer, frisch gemahlen · 1 Lorbeerblatt · 6 Wacholderbeeren · 6 Pimentkörner · 6 Pfefferkörner · 1½ l heißes Wasser oder heiße fettarme Fleischbrühe · 250 g Sauerkraut · 150 g Kartoffeln (3 mittelgroße) · 30 g Rosinen (2 gehäufte Eßl.) · 10 g Petersilie, frisch feingehackt (2 gehäufte Eßl.)

Nährwert pro Portion: 860 kJ/200 kcal
12 g Eiweiß · 10 g Fett · 16 g Kohlenhydrate · 3 g Ballaststoffe · 77 mg Harnsäure

- Vorbereitungszeit: etwa 20 Minuten
- Garzeit: etwa 20 Minuten

So wird's gemacht: Die Zwiebel schälen und in kleine Würfel schneiden. Das Hackfleisch in einem großen Topf zusammen mit Salz und den Gewürzen unter Rühren anbraten. Die Zwiebelwürfel hinzufügen und kurz mitbraten. Mit dem heißen Wasser oder der Brühe auffüllen. Den Topf zudecken und alles zum Kochen bringen. • Das Sauerkraut feinschneiden, in die siedende Suppe schütten und zugedeckt bei mittlerer Hitze etwa 10 Minuten mitkochen lassen. • Die Kartoffeln schälen, waschen und grob an die Suppe raspeln. Die Rosinen in einem Sieb warm abspülen, ebenfalls in die Suppe geben und alles zugedeckt noch 10 Minuten garen. • Zuletzt die Petersilie einstreuen. Vor dem Servieren das Lorbeerblatt und die Gewürzkörner entfernen.

Abwandlung für die übrige Familie: Zusätzlich 3 Streifen kleingeschnittenen durchwachsenen Räucherspeck ausbraten und in die Suppe geben.

Gemüsesuppe mit Eierstich

Zutaten für 4 Portionen:
20 g Diätmargarine oder Butter (2 gestrichene Eßl.) · 600 g tiefgefrorenes zartes Sommergemüse · 1 Lorbeerblatt · 6 Pimentkörner · 6 schwarze Pfefferkörner · 1 l heißes Wasser oder heiße fettarme Fleischbrühe · 100 g Tomate (1 große) · 50 g Zwiebel (1 mittelgroße) · 10 g Knoblauch (1 große Zehe) · Salz · schwarzer Pfeffer, frisch gemahlen · 10 g Petersilie, frisch feingehackt (2 gehäufte Eßl.)
Für den Eierstich: 120 g Eier (2 mittelgroße) · 1 Eßl. kaltes Wasser · Salz · schwarzer Pfeffer, frisch gemahlen · etwas Öl

Nährwert pro Portion etwa: 700 kJ/170 kcal
10 g Eiweiß · 8 g Fett · 15 g Kohlenhydrate · 8 g Ballaststoffe · 4 mg Harnsäure

• Zubereitungszeit: etwa 45 Minuten

So wird's gemacht: Die Margarine oder Butter in einem großen Suppentopf zerlaufen lassen. Das angetaute Gemüse mit dem Lorbeerblatt und den Gewürzkörnern darin etwa 5 Minuten andünsten. Mit dem heißen Wasser oder der Brühe aufgießen. Die Suppe zum Kochen bringen und bei schwacher Hitze etwa 10 Minuten zugedeckt kochen lassen. • Die Tomate kreuzweise einritzen, mit kochendheißem Wasser überbrühen, häuten und achteln. Die Stielansätze entfernen, die Tomatenachtel in die Suppe geben und darin 5 Minuten ziehen lassen. • Die Zwiebel und die Knoblauchzehe schälen, feinwürfeln, in die Suppe geben und nochmals 5 Minuten garen. • Mit Salz und Pfeffer abschmecken. Das Lorbeerblatt und die Gewürzkörner entfernen. • Während die Suppe kocht, für den Eierstich die Eier mit dem Wasser sowie etwas Salz und Pfeffer verquirlen. Ein Schälchen mit Öl auspinseln und die Eimasse darin zugedeckt etwa 15 Minuten bei schwacher Hitze im Wasserbad stocken lassen.

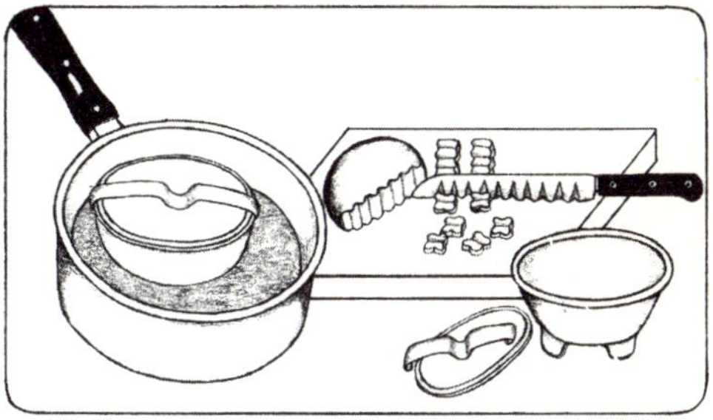

Die Eimasse muß zugedeckt im Wasserbad stocken; das Wasser darf dabei nur leise sieden, nicht sprudelnd kochen.

• Die Suppe mit der Petersilie bestreuen. Die Eimasse aus dem Schälchen stürzen. Den Eierstich würfeln, auf Suppenteller verteilen und die heiße Gemüsesuppe darüberfüllen.

Abwandlung für die übrige Familie: Zusätzlich 3 gestrichene Eßlöffel Butter bräunen und in die Gemüsesuppe gießen.

Mein Tip Wenn Sie eine selbst zubereitete Fleischbrühe – die natürlich am besten schmeckt – entfetten wollen, stellen Sie sie kalt; dann läßt sich das erstarrte Fett mit einem Schaumlöffel abheben.

Buttermilchkaltschale mit Melone

Zutaten für 4 Portionen:
½ l fettarme Milch mit 1,5% Fett · 1 Vanilleschote · 20 g Vanillepuddingpulver (2 gestrichene Eßl.) · 3 Eßl. kaltes Wasser · ½ l Buttermilch · flüssiger Süßstoff · 400 g Honigmelone, geschält gewogen (1 mittelgroße Melone)

Nährwert pro Portion etwa: 630 kJ/150 kcal
10 g Eiweiß · 3 g Fett · 21 g Kohlenhydrate · 1 g Ballaststoffe · 0 mg Harnsäure

● Zubereitungszeit: etwa 25 Minuten

So wird's gemacht: Die Milch mit dem aus der Schote herausgekratzten Vanillemark und der Schote in einem mittelgroßen Topf zum Kochen bringen. Das Puddingpulver mit dem Wasser verquirlen und unter Rühren in die kochende Milch einlaufen lassen. Alles kurz aufkochen, dann abkühlen lassen. • In die abgekühlte Flüssigkeit die Buttermilch einrühren und die Suppe mit Süßstoff abschmecken. • Die Melone vierteln, schälen und die Kerne herausschaben. Das Fruchtfleisch kleinwürfeln und auf tiefe Teller verteilen. Die Vanilleschote entfernen und die Kaltschale über die Melonenstücke gießen.

Abwandlung für die übrige Familie: Zusätzlich 1 Schuß Weinbrand oder Cognac und 2 Eßlöffel Sahne unter die Suppe rühren. Eventuell mit Zucker nachsüßen.

Quarkremoulade

Zutaten für 4 Portionen:
125 g magerer Speisequark · 150 g saure Sahne mit 10% Fett · 60 g hartgekochtes Ei (1 mittelgroßes) · 50 g Zwiebel (1 mittelgroße) · 50 g Gewürzgurke (1 mittelgroße) · 1 Schuß Essig · Salz · flüssiger Süßstoff · weißer Pfeffer, frisch gemahlen · 5 g Petersilie, frisch feingehackt (1 gehäufter Eßl.)

Nährwert pro Portion: 400 kJ/95 kcal
8 g Eiweiß · 6 g Fett · 5 g Kohlenhydrate · 0 g Ballaststoffe · 2 mg Harnsäure

● Zubereitungszeit: etwa 15 Minuten

So wird's gemacht: Den Quark mit der sauren Sahne in einer mittelgroßen Schüssel glattrühren. Das Ei schälen und grobhacken. Die Zwiebel schälen und ebenso wie die Gurke feinwürfeln. • Alles zusammen unter den Quark mengen. Mit dem Essig, Salz, Süßstoff und Pfeffer abschmecken. Zuletzt die Petersilie daruntermischen.

Paßt gut zu: Rotbarsch in Alufolie (Rezept Seite 48) oder Steak mit grünem Pfeffer (Rezept Seite 51) oder Kartoffeln vom Blech (Rezept Seite 57).

Eier-Vinaigrette

Bild Seite 10

Zutaten für 4 Portionen:
1 Bund Schnittlauch · 1 Bund Dill · 1 Bund Petersilie · 1 gestrichener Eßl. kleine Kapern ohne Flüssigkeit · 60 g Tomate (1 mittelgroße) · 120 g hartgekochte Eier (2 mittelgroße) · 40 g Diätöl (4 Eßl.) · 3 Eßl. Kräuteressig · 1 Eßl. kaltes Wasser · Salz · weißer Pfeffer, frisch gemahlen

Nährwert pro Portion etwa: 570 kJ/140 kcal
4 g Eiweiß · 13 g Fett · 1 g Kohlenhydrate · 1 g Ballaststoffe · 3 mg Harnsäure

● Zubereitungszeit: etwa 20 Minuten

So wird's gemacht: Die Kräuter unter fließendem kaltem Wasser abspülen, abtropfen lassen und mit Küchenkrepp trockentupfen. Den Schnittlauch und den Dill feinschneiden, die Petersilie feinhacken. Die Kräuter mit den Kapern in eine mittelgroße Schüssel geben. • Die Tomate waschen, halbieren, vom Stielansatz und den Kernen befreien und kleinwürfeln. Die Eier schälen, halbieren und grobhacken. Die Tomatenwürfel und die gehackten Eier zu den Kräutern schütten. • Das Öl, den Essig, das Wasser, Salz und Pfeffer in einem kleinen Gefäß zu einer Marinade verrühren, unter die Kräuter-Eier-Mischung geben und die Sauce sofort servieren.

Paßt gut zu: Broccoli (Rezept Seite 55).

Tomaten-Fleisch-Sauce

Zutaten für 4 Portionen:
50 g Zwiebel (1 mittelgroße) · 5 g Knoblauch (1 kleine Zehe) · 20 g Diätöl (2 Eßl.) · 200 g Tatar · 1 Lorbeerblatt · 2 Pimentkörner · 2 schwarze Pfefferkörner · Salz · 40 g Tomatenmark (2 gestrichene Eßl.) · ½ l kaltes Wasser oder kalte fettarme Fleischbrühe · 300 g Tomaten (6 mittelgroße) · 5 g Zitronensaft (1 Teel.) · 1 Tropfen flüssiger Süßstoff

Nährwert pro Portion etwa: 550 kJ/130 kcal
12 g Eiweiß · 7 g Fett · 5 g Kohlenhydrate · 2 g Ballaststoffe · 67 mg Harnsäure

- Vorbereitungszeit: etwa 10 Minuten
- Garzeit: etwa 20 Minuten

So wird's gemacht: Die Zwiebel und die Knoblauchzehe schälen und sehr klein würfeln. • Das Öl in einem mittelgroßen Topf erhitzen und das Tatar unter Rühren darin bräunen. Das Lorbeerblatt, die Gewürzkörner, Salz und das Tomatenmark dazugeben. Die Zwiebel- und die Knoblauchwürfel darunterrühren. Mit dem Wasser oder der Brühe unter Rühren aufgießen. Alles zum Kochen bringen und zugedeckt etwa 5 Minuten bei schwacher Hitze kochen lassen. • Die Tomaten kreuzweise einritzen, mit kochendheißem Wasser überbrühen, häuten, achteln und dabei die Stielansätze entfernen. Die Tomatenachtel in die kochende Flüssigkeit geben und zugedeckt bei schwacher Hitze 10–15 Minuten mitkochen lassen. Die Sauce mit dem Zitronensaft und dem Süßstoff abschmecken. Vor dem Servieren das Lorbeerblatt und die Gewürzkörner entfernen.

Currysauce

Zutaten für 4 Portionen:
30 g Diätöl (3 Eßl.) · 20 g Mehl (2 gestrichene Eßl.) · 50 g Zwiebel (1 mittelgroße) · ½ l kaltes Wasser oder kalte fettarme Fleischbrühe · Salz · Currypulver · flüssiger Süßstoff · 5 g Zitronensaft (1 Teel.) · 35 g saure Sahne mit 10% Fett (2 gestrichene Eßl.) · 10 g grüne Pfefferkörner (2 gehäufte Teel.)

Nährwert pro Portion etwa: 420 kJ/100 kcal
1 g Eiweiß · 9 g Fett · 6 g Kohlenhydrate · 0 g Ballaststoffe · 0 mg Harnsäure

- Zubereitungszeit: etwa 20 Minuten

So wird's gemacht: Das Öl in einem mittelgroßen Topf erhitzen. Das Mehl darin kurz anschwitzen. Die Zwiebel schälen, kleinwürfeln und leicht mit anbräunen. Mit dem Wasser oder der Brühe aufgießen und alles unter Rühren etwa 5 Minuten zugedeckt bei schwacher Hitze kochen lassen. • Mit Salz, Currypulver, Süßstoff und dem Zitronensaft abschmecken. Die Sauce mit der Sahne legieren und zuletzt die Pfefferkörner darunterrühren.

Möhrenfrischkost mit Kiwi

Zutaten für 4 Portionen:
400 g Möhren (4 große) · 10 g Zitronensaft (1 Eßl.) · flüssiger Süßstoff · 160 g Kiwis (2 mittelgroße)

Nährwert pro Portion etwa: 240 kJ/55 kcal
2 g Eiweiß · 1 g Fett · 13 g Kohlenhydrate · 7 g Ballaststoffe · 20 mg Harnsäure

- Zubereitungszeit: etwa 20 Minuten

So wird's gemacht: Die Möhren putzen, feinraspeln und mit dem Zitronensaft sowie Süßstoff abschmecken. • Die Kiwis sehr dünn schälen, vierteln und kleinwürfeln. Die Kiwiwürfel vorsichtig unter die geriebenen Möhren heben. Die Frischkost auf vier Salatteller verteilen.

Abwandlung für die übrige Familie: Zusätzlich 2 Eßlöffel feingehackte Mandeln unter die Frischkost mischen.

Paßt gut zu: Rinderroulade in Bratfolie (Rezept Seite 50).

Paprika-Apfel-Salat

Zutaten für 4 Portionen:
20 g Diätöl (2 Eßl.) · 1 Schuß Essig · Salz · schwarzer Pfeffer, frisch gemahlen · Paprikapulver · flüssiger Süßstoff · 5 Eßl. kaltes Wasser · 400 g grüne oder rote Paprikaschoten (4 mittelgroße) · 300 g säuerliche Äpfel, zum Beispiel Boskop oder Granny Smith (2 große) · 100 g Zwiebel (1 große) · 5 g Petersilie, frisch feingehackt (1 gehäufter Eßl.)

Nährwert pro Portion etwa: 520 kJ/120 kcal
2 g Eiweiß · 6 g Fett · 16 g Kohlenhydrate · 2 g Ballaststoffe · 4 mg Harnsäure

- Zubereitungszeit: etwa 25 Minuten
- Marinierzeit: etwa 25 Minuten

So wird's gemacht: Aus dem Öl, dem Essig, Salz, Gewürzen, Süßstoff und dem Wasser in einer großen Schüssel eine Marinade zubereiten. • Die Paprikaschoten vierteln, von Stiel und Kernen befreien, kalt abspülen und in dünne Streifen schneiden. Die Äpfel schälen, vierteln, vom Kerngehäuse befreien und in feine Blättchen schneiden. Die Zwiebel schälen und klein würfeln. • Die Paprikastreifen, Apfelscheibchen und Zwiebelwürfel in die Marinade geben und alles gut mischen. Den Salat zugedeckt etwa 25 Minuten durchziehen lassen. • Kurz vor dem Servieren die Petersilie auf den Salat streuen.

Paßt gut zu: Pikanter Lasagne (Rezept Seite 60) oder Rindergulasch mit Pflaumen (Rezept Seite 49).

Tomaten-Trauben-Salat

Zutaten für 4 Portionen:
200 g helle Weintrauben · 500 g Tomaten (5 große) · 100 g Zwiebel (1 große) · 20 g Diätöl (2 Eßl.) · 4 Eßl. kaltes Wasser · 1 Schuß Essig · Salz · weißer Pfeffer, frisch gemahlen · 2 Tropfen flüssiger Süßstoff

Nährwert pro Portion: 490 kJ/120 kcal
2 g Eiweiß · 6 g Fett · 15 g Kohlenhydrate · 3 g Ballaststoffe · 12 mg Harnsäure

- Zubereitungszeit: etwa 25 Minuten
- Marinierzeit: etwa 35 Minuten

So wird's gemacht: Die Weintrauben in einem Sieb erst warm, dann kalt abspülen, mit Küchenkrepp trockentupfen, halbieren und die Kerne entfernen. Die Tomaten kreuzweise einritzen, mit kochendheißem Wasser überbrühen, häuten, vom Stielansatz befreien und in dünne Scheiben schneiden. Die Zwiebeln schälen und kleinwürfeln. • Aus dem Öl, dem Wasser, dem Essig, Salz, Pfeffer und dem Süßstoff in einer mittelgroßen Schüssel eine Marinade rühren. Alle Salatzutaten daruntermischen und den Salat etwa 35 Minuten zugedeckt durchziehen lassen. Eventuell nachwürzen.

Abwandlung für die übrige Familie: Zusätzlich 2 Eßlöffel Olivenöl daruntermischen.

Paßt gut zu: Poularde im Tontopf (Rezept Seite 52) oder Grieß-Hackfleisch-Bällchen (Rezept Seite 58).

Fenchelsalat mit Grapefruitsaft

Zutaten für 4 Portionen:
600 g Fenchelknollen (4 mittelgroße) mit Grün · ¼ l Wasser · 1 Prise Salz · 5 Nelken · ½ Stange Zimt · 10 g Zitronensaft (1 Eßl.) · 200 g Grapefruitsaft · flüssiger Süßstoff

Nährwert pro Portion etwa: 400 kJ/95 kcal
4 g Eiweiß · 1 g Fett · 19 g Kohlenhydrate · 6 g Ballaststoffe · 15 mg Harnsäure

- Zubereitungszeit: etwa 30 Minuten
- Marinierzeit: etwa 25 Minuten

So wird's gemacht: Die Fenchelknollen putzen, kalt waschen und in feine Streifen schneiden. Das Fenchelgrün abspülen und beiseite stellen. Das Wasser mit dem Salz, den Nelken und dem Zimt in einem mittelgroßen Topf zum Kochen bringen. Die Fenchelstreifen darin zugedeckt bei schwacher Hitze etwa 5 Minuten garen. • Die Nelken und die Zimtstange entfernen. Den Zitronen- und den Grapefruitsaft dazugießen. Den Salat mit Süßstoff abschmecken und gut durchmischen. Das Fenchelgrün feinschneiden und darunterheben. Den Salat zugedeckt etwa 25 Minuten durchziehen lassen.

Paßt gut zu: Rinderroulade in Bratfolie (Rezept Seite 50).

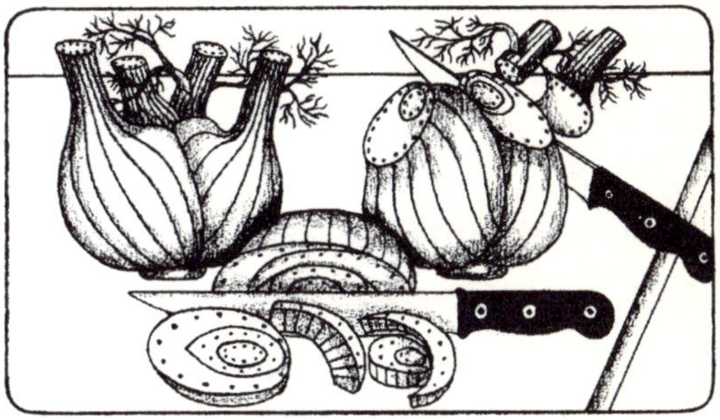

Von den Fenchelknollen harte Stellen an den äußeren Blättern entfernen oder diese dünn schälen. Frisches, zartes Grün unbedingt mitverwenden.

Kressesalat

Zutaten für 4 Portionen:
150 g Kresse · 20 g Diätöl (2 Eßl.) · 4 Eßl. kaltes Wasser · 1 Schuß Essig · Salz · 1 Tropfen flüssiger Süßstoff · 5 g Knoblauch (1 kleine Zehe)

Nährwert pro Portion etwa: 270 kJ/65 kcal
2 g Eiweiß · 6 g Fett · 2 g Kohlenhydrate · 0 g Ballaststoffe · 0 mg Harnsäure

- Zubereitungszeit: etwa 15 Minuten

So wird's gemacht: Die Kresse in kaltem Wasser waschen und im Sieb abtropfen lassen. • Aus dem Öl, dem Wasser, dem Essig, Salz, und dem Süßstoff in einer mittelgroßen Schüssel eine Marinade zubereiten. Die Knoblauchzehe schälen und mit wenig Salz auf einem Brett mit dem Messer zerdrücken; anschließend in die Marinade geben. • Kurz vor dem Servieren die Kresse daruntermischen und den Salat portionsweise auf Salattellern anrichten.

Abwandlung für die übrige Familie: Zusätzlich 2 Eßlöffel Olivenöl unter den Salat mischen.

Paßt gut zu: Rotkohlrouladen mit Hackfleisch (Rezept Seite 53) oder Tomatenreis mit Zwiebeln (Rezept Seite 58) oder Fischgulasch mit Früchten (Rezept Seite 47).

Blumenkohlsalat mit Sahnesauce

Zutaten für 4 Portionen:
600 g Blumenkohl (2 mittelgroße Köpfe) · ¼ l Wasser · Salz · 1 Lorbeerblatt · 3 Pimentkörner · 300 g saure Sahne mit 10% Fett · 1 Schuß Essig · weißer Pfeffer, frisch gemahlen · Muskatnuß, frisch gerieben · flüssiger Süßstoff · 10 g Schnittlauch, frisch feingeschnitten (2 gehäufte Eßl.)

Nährwert pro Portion etwa: 530 kJ/130 kcal
6 g Eiweiß · 8 g Fett · 10 g Kohlenhydrate · 4 g Ballaststoffe · 37 mg Harnsäure

- Vorbereitungszeit: etwa 10 Minuten
- Garzeit: etwa 15 Minuten
- Zubereitungszeit für den Salat: etwa 10 Minuten
- Marinierzeit: etwa 25 Minuten

So wird's gemacht: Die Blumenkohlköpfe putzen, kalt waschen und in kleine Röschen zerlegen. Das Wasser mit Salz, dem Lorbeerblatt und den Pimentkörnern in einem großen Topf zum Kochen bringen. Die Blumenkohlröschen hineingeben und zugedeckt etwa 15 Minuten bei schwacher Hitze garen. Mit einem Schaumlöffel herausnehmen, in eine Schüssel legen und abkühlen lassen. • Aus der sauren Sahne, dem Essig, Salz, Pfeffer, Muskat und Süßstoff in einer großen Schüssel eine Sauce zubereiten. Den Schnittlauch hineinrühren. • Die Blumenkohlröschen in die Sauce geben und vorsichtig vermischen. Den Salat zugedeckt etwa 25 Minuten durchziehen lassen.

Paßt gut zu: Steak mit grünem Pfeffer oder geschnetzeltem Lammfleisch (Rezepte Seite 51).

Gemischter Salat mit Ei

Bild Seite 45

Zutaten für 4 Portionen:
100 g Kopfsalat (1 kleiner Kopf) · 75 g grüne Paprikaschote (1 kleine) · 200 g Salatgurke (½ große) · 200 g Tomaten (2 große) · 5 Eßl. Wasser · 20 g Diätöl (2 Eßl.) · 1 Schuß Essig · Salz · schwarzer Pfeffer, frisch gemahlen · 10 g Petersilie, frisch feingehackt (2 gehäufte Eßl.) · 120 g hart gekochte Eier (2 mittelgroße)

Nährwert pro Portion etwa: 470 kJ/110 kcal
5 g Eiweiß · 9 g Fett · 5 g Kohlenhydrate · 6 g Ballaststoffe · 14 mg Harnsäure

- Zubereitungszeit: etwa 30 Minuten
- Marinierzeit: etwa 35 Minuten

So wird's gemacht: Den Kopfsalat putzen, kalt waschen, in einem Sieb abtropfen lassen und anschließend zerpflücken. Die Salatblätter in eine große Schüssel geben. • Die Paprikaschote vierteln, von Stiel und Kernen befreien, kalt abspülen und in feine Streifen schneiden. Die Salatgurke schälen und in dünne Scheiben hobeln. Die Tomaten mit kochendheißem Wasser überbrühen, häuten, vom Stielansatz befreien und achteln. Diese Zutaten mit dem Salat in der Schüssel mischen. • In einem kleinen Gefäß das Wasser mit dem Öl, dem Essig, Salz, Pfeffer und der

Petersilie zu einer Marinade verrühren. Die Eier schälen und achteln. • Die Marinade mit den Salatzutaten gut vermischen und den Salat zugedeckt etwa 35 Minuten durchziehen lassen. • Den Salat mit den Eiachteln verzieren.

Abwandlung für die übrige Familie: Zusätzlich 2 Eßlöffel Öl unter den Salat mischen.

Paßt gut zu: Grieß-Hackfleisch-Bällchen (Rezept Seite 58) oder pikanter Lasagne (Rezept Seite 60).

Nudelsalat mit Räucherfisch

Zutaten für 4 Portionen:
1½ l Wasser · Salz · 1 Lorbeerblatt · 6 weiße Pfefferkörner · 6 Pimentkörner · 80 g Vollkornnudeln, zum Beispiel Hörnchen · 100 g Zwiebel (1 große) · 100 g Tomaten (2 mittelgroße) · 100 g Apfel, zum Beispiel Cox Orange (1 mittelgroßer) · 350 g geräucherter Seelachs · 20 g Diätöl (2 Eßl.) · 1 Schuß Essig · ⅛ l Wasser · weißer Pfeffer, frisch gemahlen · flüssiger Süßstoff · 10 g Petersilie, frisch feingehackt (2 gehäufte Eßl.)

Nährwert pro Portion etwa: 970 kJ/230 kcal
24 g Eiweiß · 7 g Fett · 19 g Kohlenhydrate · 3 g Ballaststoffe · 108 mg Harnsäure

- Garzeit für die Nudeln: etwa 11 Minuten
- Zubereitungszeit für den Salat: etwa 20 Minuten
- Marinierzeit: etwa 30 Minuten

So wird's gemacht: Das Wasser mit Salz und den Gewürzen in einem mittelgroßen Topf zum Kochen bringen und die Nudeln darin etwa 11 Minuten garen. In einem Sieb kalt abschrecken und abtropfen lassen. Das Lorbeerblatt und die Gewürzkörner entfernen. • Die Zwiebel schälen und kleinwürfeln. Die Tomaten kreuzweise einritzen, mit kochendheißem Wasser überbrühen, häuten und achteln, dabei den Stielansatz entfernen. Den Apfel waschen, vierteln, vom Kerngehäuse befreien und in feine Blättchen schneiden. Den Fisch häuten, entgräten und in kleine Stückchen zerpflücken. Alle Zutaten in einer mittelgroßen Schüssel mischen. • Aus dem Öl, dem Essig, dem Wasser, Salz, Pfeffer, Süßstoff und der Petersilie eine Marinade rühren und den Salat damit übergießen. Zugedeckt etwa 30 Minuten ziehen lassen. • Den Nudelsalat vor dem Servieren nochmals abschmecken.

Mein Tip Verwenden Sie nach Möglichkeit Kräuteressig, der zusätzlich Aroma gibt, oder noch besser Zitronensaft. Dieser hat den Vorzug, auch noch Vitamin C zu enthalten.

Salatschüssel

Zutaten für 4 Portionen:
100 g Kopfsalat (1 kleiner Kopf) · 50 g Salatgurke (1 Stück von etwa 5 cm Länge) · 50 g Tomate (1 mittelgroße) · 50 g Radieschen (1 Bund) · 50 g Kresse · 50 g Zwiebel (1 mittelgroße) · 20 g Diätöl (2 Eßl.) · 5 Eßl. Wasser · 1 Schuß Essig · Salz · weißer Pfeffer, frisch gemahlen · Pimentpulver · 2 Tropfen flüssiger Süßstoff

Nährwert pro Portion etwa: 280 kJ/70 kcal
2 g Eiweiß · 6 g Fett · 4 g Kohlenhydrate · 3 g Ballaststoffe · 10 mg Harnsäure

- Zubereitungszeit: etwa 25 Minuten

So wird's gemacht: Den Kopfsalat putzen, kalt waschen, in einem Sieb abtropfen lassen und zerpflücken. Die Gurke schälen und feinhobeln. • Die Tomate kreuzweise einritzen, mit kochendheißem Wasser überbrühen, häuten, vom Stielansatz befreien und achteln. • Die Radieschen putzen, kalt waschen und in dünne Blättchen schneiden. Die Kresse waschen, ins Sieb zum Kopfsalat geben und abtropfen lassen. Die Zwiebel schälen und in Ringe schneiden. Alle Salatzutaten in einer großen Schüssel anrichten. • Aus dem Öl, dem Wasser, dem Essig, Salz, Pfeffer, Piment und dem Süßstoff in einem kleinen Gefäß eine Marinade rühren. Kurz vor dem Servieren die Marinade über die Salatzutaten gießen.

Kartoffelsalat mit Kefir

Zutaten für 4 Portionen:
¼ l Wasser · 600 g festkochende Kartoffeln · 250 g Kefir mit 1,5% Fett (1 Becher) · 30 g Zitronensaft (3 Eßl.) · 1 Röhrchen Kapern · 2 Tropfen flüssiger Süßstoff · Salz · weißer Pfeffer, frisch gemahlen · 150 g säuerlicher Apfel, zum Beispiel Boskop (1 großer) · 50 g Zwiebel (1 mittelgroße) · 10 g Petersilie, frisch feingehackt (2 gehäufte Eßl.)

Nährwert pro Portion etwa: 750 kJ/180 kcal
6 g Eiweiß · 3 g Fett · 34 g Kohlenhydrate · 4 g Ballaststoffe · 18 mg Harnsäure

- Garzeit: etwa 15 Minuten
- Zubereitungszeit für den Salat: etwa 20 Minuten
- Marinierzeit: etwa 45 Minuten

So wird's gemacht: In einem mittelgroßen Topf das Wasser zum Kochen bringen. Die Kartoffeln kalt waschen, ins kochende Wasser geben und zugedeckt etwa 15 Minuten garen; dann abgießen und abkühlen lassen. • Aus dem Kefir, dem Zitronensaft, den Kapern, dem Süßstoff, Salz und Pfeffer in einer mittelgroßen Schüssel eine dickliche Sauce rühren. • Den Apfel schälen, halbieren, vom Kerngehäuse befreien und kleinwürfeln. Die Zwiebel schälen und in kleine Würfel schneiden. Die Kartoffeln abziehen und ebenfalls würfeln. Die Kartoffel-, Apfel- und Zwiebelwürfel in die Sauce geben und alles mischen. Den Kartoffelsalat zugedeckt etwa 45 Minuten ziehen lassen. • Eventuell nachwürzen und den Salat vor dem Servieren mit der Petersilie bestreuen.

Spinat-Aprikosen-Salat

Zutaten für 4 Portionen:
200 g frischer Spinat · 250 g geschälte, ungezukkerte Aprikosen (1 mittelgroßes Glas) · 10 g Zitronensaft (1 Eßl.) · 1 Prise Salz · flüssiger Süßstoff

Nährwert pro Portion etwa: 310 kJ/75 kcal
2 g Eiweiß · 1 g Fett · 16 g Kohlenhydrate · 4 g Ballaststoffe · 35 mg Harnsäure

- Zubereitungszeit: etwa 25 Minuten

So wird's gemacht: Den Spinat verlesen, kalt waschen, in einem Sieb abtropfen lassen und dann in feine Streifen schneiden. Die Aprikosen ebenfalls in einem Sieb abtropfen lassen. Den Saft auffangen. Die Früchte kleinwürfeln. • Aus dem Aprikosensaft, dem Zitronensaft, dem Salz und Süßstoff nach Geschmack in einer mittelgroßen Schüssel eine Marinade rühren. Die Marinade mit den Spinatstreifen und den Aprikosenwürfeln mischen. Den Salat auf kleinen Tellern portionsweise anrichten und sofort servieren.

Paßt gut zu: Sauerbraten (Rezept Seite 49).

Der gemischte Salat mit Ei ist eine ideale Zwischenmahlzeit, ohne Ei aber auch eine feine Beilage. Rezept Seite 42. ▷

Fischgulasch mit Früchten

Bild nebenstehend

Zutaten für 4 Portionen:
500 g Kabeljaufilet, frisch oder tiefgefroren · 30 g Zitronensaft (3 Eßl.) · Salz · 30 g Diätöl (3 Eßl.) · 100 g heißes Wasser · 400 g Orangen (2 große) · 150 g helle Weintrauben · etwas abgeriebene Orangenschale (Schale unbehandelt) · weißer Pfeffer, frisch gemahlen · flüssiger Süßstoff

Nährwert pro Portion etwa: 985 kJ/240 kcal
22 g Eiweiß · 8 g Fett · 19 g Kohlenhydrate · 4 g Ballaststoffe · 150 mg Harnsäure

- Vorbereitungszeit: etwa 30 Minuten
- Garzeit: etwa 12 Minuten

So wird's gemacht: Die Kabeljaufilets kalt abspülen, mit Küchenkrepp trockentupfen, mit dem Zitronensaft beträufeln, mit Salz bestreuen und in gleich große Würfel schneiden. • Das Öl in einem großen, flachen Topf erhitzen und die Fischwürfel darin von allen Seiten anbraten. Das heiße Wasser angießen und die Fischwürfel zugedeckt 10 Minuten bei schwacher Hitze garen. • In der Zwischenzeit die Orangen schälen, in Spalten zerteilen und diese enthäuten. Die Weintrauben erst heiß, dann kalt abspülen, halbieren und die Kerne entfernen. Die Orangenspalten und die Weintrauben zu den Fischwürfeln geben. Alles gut vermischen und zugedeckt noch etwa 2 Minuten ziehen lassen. • Das Fischgulasch mit Salz, Orangenschale, Pfeffer und Süßstoff süßsauer abschmecken.

Abwandlung für die übrige Familie: Zusätzlich 3 Eßlöffel Sahne mit 2 Teelöffeln Mehl glattrühren und den Fischsud damit binden.

Das paßt dazu: Kressesalat (Rezept Seite 41) und körnig gekochter Reis. Als Dessert Quarkklöße mit Kakisauce (Rezept Seite 67).

Mein Tip Bei der Portion für den Patienten sollte die Fischmenge höchstens 125 g betragen. Die übrige Familie kann natürlich auch mehr Fisch essen.

◁ Das Fischgulasch mit Früchten ist eine verblüffend neuartige Kombination, die der ganzen Familie sicher hervorragend schmeckt. Es ist überdies ein recht unkompliziertes Gericht. Rezept auf dieser Seite.

Fischfrikadellen

Zutaten für 4 Portionen:
500 g Seelachsfilet, frisch oder tiefgefroren · 100 g Zwiebel (1 große) · 40 g Vollkornbrötchen (1 Stück) · 60 g Ei (1 mittelgroßes) · 10 g Petersilie, frisch feingehackt (2 gehäufte Eßl.) · 20 g Zitronensaft (2 Eßl.) · Salz · weißer Pfeffer, frisch gemahlen · 40 g Diätöl (4 Eßl.)

Nährwert pro Portion etwa: 1185 kJ/285 kcal
29 g Eiweiß · 13 g Fett · 7 g Kohlenhydrate · 1 g Ballaststoffe · 141 mg Harnsäure

- Vorbereitungszeit: etwa 40 Minuten
- Garzeit: etwa 10 Minuten

So wird's gemacht: Die Seelachsfilets kalt abspülen, mit Küchenkrepp trockentupfen und in Stükke schneiden. Die Zwiebel schälen und vierteln. Das Brötchen in warmem Wasser einweichen und wieder ausdrücken. Alles zusammen zweimal durch den Fleischwolf drehen. • Den Fischteig in einer mittelgroßen Schüssel mit dem Ei und der Petersilie verkneten. Mit dem Zitronensaft, Salz und Pfeffer abschmecken. Aus der Masse 8 mittelgroße Klöße formen. • Das Öl in einer großen beschichteten Pfanne erhitzen und die Fischfrikadellen bei mittlerer Hitze auf jeder Seite in etwa 5 Minuten darin goldbraun braten.

Abwandlung für die übrige Familie: Die Frikadellen vor dem Braten von beiden Seiten in Semmelbröseln oder Mandelblättchen wälzen. Zum Ausbraten noch 2 Eßlöffel Öl zusätzlich nehmen.

Das paßt dazu: Quarkremoulade (Rezept Seite 38), Kressesalat (Rezept Seite 41) und Pellkartoffeln. Als Dessert Quittenkompott (Rezept Seite 66).

Rotbarsch in Alufolie

Zutaten für 4 Portionen:
500 g Rotbarschfilet (8 kleine Scheiben) · 30 g Zitronensaft (3 Eßl.) · Salz · 10 g Knoblauch (1 große Zehe) · 200 g Tomaten · 50 g Zwiebel (1 mittelgroße) · etwas Öl · 80 g Schnittkäse mit 40% Fett i. Tr. (4 kleine Scheiben) · ½ l Wasser

Nährwert pro Portion etwa: 970 kJ/230 kcal
28 g Eiweiß · 10 g Fett · 5 g Kohlenhydrate · 2 g Ballaststoffe · 167 mg Harnsäure

- Vorbereitungszeit: etwa 25 Minuten
- Garzeit: etwa 15 Minuten

So wird's gemacht: Die Fischfilets unter fließendem kaltem Wasser abspülen, mit Küchenkrepp trockentupfen, mit Zitronensaft beträufeln und auf einer Seite mit Salz einreiben. • Die Knoblauchzehe schälen, sehr klein würfeln und auf 4 Fischfilets verteilen. Die Tomaten kreuzweise einritzen, mit kochendheißem Wasser überbrühen, häuten, vom Stielansatz befreien und in Scheiben schneiden. Die Zwiebel schälen und in sehr dünne Ringe schneiden. • Die Fischfilets mit Knoblauch auf je 1 Stück eingeölte Alufolie legen. Schichtweise die Tomatenscheiben und die Zwiebelringe darauf verteilen, mit je 1 Scheibe Käse belegen und die restlichen 4 Fischfilets darüberdecken. Die Folien sorgfältig zufalten.

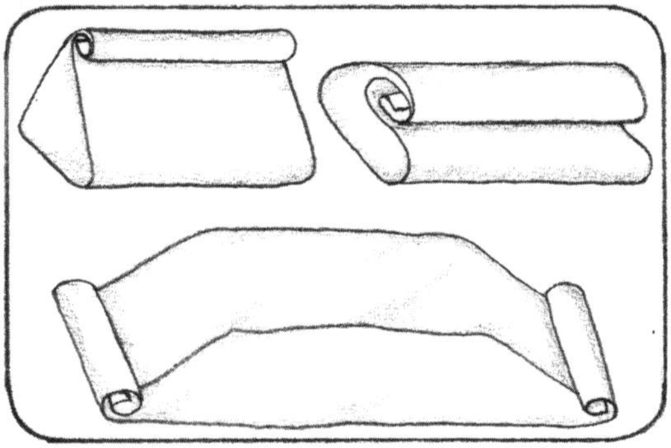

Die Alufolie wird an allen Seiten gut zugefaltet. Das Gargut mit etwas »Luft« einpacken, damit es sich beim Kochen ausdehnen kann.

• In einem großen, flachen Topf das Wasser zum Kochen bringen, die Folienpaketchen hineinlegen und den Rotbarsch zugedeckt etwa 15 Minuten bei schwacher Hitze garen. • Die Päckchen öffnen und die Fischportionen mit dem Saft aus der Folie auf vorgewärmten Tellern anrichten.

Das paßt dazu: Salatschüssel (Rezept Seite 43) und körnig gekochter Reis. Als Dessert Zitronencreme (Rezept Seite 66).

Fleischgerichte

Rindergulasch mit Pflaumen

Zutaten für 4 Portionen:
500 g Rindergulasch · 20 g Diätöl (2 Eßl.) · 1 Lorbeerblatt · 6 Pimentkörner · 6 schwarze Pfefferkörner · 3 Wacholderbeeren · 100 g Zwiebel (1 große) · Salz · schwarzer Pfeffer, frisch gemahlen · Paprikapulver · ½ l heißes Wasser oder heiße fettarme Fleischbrühe · 100 g frische Pflaumen oder Pflaumen aus dem Glas (6 mittelgroße)

Nährwert pro Portion etwa: 945 kJ/225 kcal
25 g Eiweiß · 12 g Fett · 6 g Kohlenhydrate · 2 g Ballaststoffe · 150 mg Harnsäure

- Vorbereitungszeit: etwa 15 Minuten
- Garzeit: etwa 1 Stunde und 25 Minuten

So wird's gemacht: Die Fleischwürfel kalt abspülen und mit Küchenkrepp trockentupfen. Das Öl in einem mittelgroßen Topf erhitzen. Das Fleisch mit dem Lorbeerblatt und den Gewürzkörnern im Öl bei mittlerer Hitze von allen Seiten anbraten; dann zugedeckt 5 Minuten schmoren lassen. • Die Zwiebel schälen, in dünne Ringe schneiden und hinzufügen. Mit Salz und Gewürzen bestreuen und ¼ l Wasser oder Brühe angießen. Das Gulasch bei mittlerer Hitze etwa 1 Stunde zugedeckt schmoren lassen. • Dann die restliche Flüssigkeit zum Gulasch gießen. Die Pflaumen kalt abspülen, entsteinen und in das Gulasch geben. Alles zugedeckt noch etwa 20 Minuten garen. • Nochmals mit Salz und Gewürzen abschmecken. Vor dem Servieren das Lorbeerblatt und die Gewürzkörner entfernen.

Abwandlung für die übrige Familie: Zusätzlich 1 gehäuften Teelöffel Mehl mit 3 Eßlöffeln Sahne verrühren, die Sauce damit binden und nochmals etwa 5 Minuten bei schwacher Hitze kochen lassen.

Das paßt dazu: Rosenkohl (Rezept Seite 56) und Salzkartoffeln. Als Dessert Zitronencreme (Rezept Seite 66).

Mein Tip Der Gichtpatient sollte pro Mahlzeit maximal 125 g Fleisch (und auch das nicht täglich, siehe Seite 7) verzehren. Beim Gesunden kann die Fleischportion auch um 50–75 g größer sein.

Sauerbraten

Zutaten für 4 Portionen:
1 l Buttermilch · 1 Lorbeerblatt · 6 weiße Pfefferkörner · 6 Pimentkörner · Salz · 1 Schuß Essig · 500 g mageres Rindfleisch aus der Oberschale · 20 g Diätöl (2 Eßl.) · ½ l heißes Wasser oder heiße fettarme Fleischbrühe · 50 g saure Sahne mit 10% Fett (3 gestrichene Eßl.) · 5 g Zitronensaft (1 Teel.) · schwarzer Pfeffer, frisch gemahlen · flüssiger Süßstoff

Nährwert pro Portion etwa: 1270 kJ/300 kcal
27 g Eiweiß · 21 g Fett · 2 g Kohlenhydrate · 0 g Ballaststoffe · 150 mg Harnsäure

- Vorbereitungszeit: etwa 10 Minuten
- Marinierzeit: etwa 24 Stunden
- Garzeit: etwa 1½ Stunden

So wird's gemacht: Aus der Buttermilch, den Gewürzen, Salz und dem Essig in einer mittelgroßen Schüssel eine Marinade bereiten. Das Rindfleisch kalt abspülen, trockentupfen, in die Marinade legen und zugedeckt kühl stellen. Das Fleisch 24 Stunden marinieren lassen; dabei mehrmals wenden. • Das Fleisch aus der Marinade nehmen und mit Küchenkrepp trockentupfen. Das Öl in einem mittelgroßen flachen Topf heiß werden lassen und das Fleisch darin bei schwacher Hitze von allen Seiten braun anbraten. • Mit der heißen Flüssigkeit angießen. Den Braten zugedeckt etwa 1½ Stunden schmoren lassen. • Das Fleisch herausnehmen und warm stellen. Die saure Sahne mit 4 Eßlöffeln Bratflüssigkeit verrühren und die Sauce damit legieren. Mit Salz, dem Zitronensaft, Pfeffer und Süßstoff abschmecken. • Zuletzt das Lorbeerblatt und die Gewürzkörner entfernen. Den Sauerbraten in Scheiben schneiden und in der heißen Sauce servieren.

Abwandlung für die übrige Familie: Zusätzlich 1 gehäuften Teelöffel Mehl mit 3 Eßlöffeln süßer Sahne glattrühren, die Sauce damit binden und nochmals etwa 5 Minuten bei schwacher Hitze kochen lassen.

Das paßt dazu: Broccoli (Rezept Seite 55) und Kartoffelklöße. Als Dessert Quarkklöße mit Kakisauce (Rezept Seite 67).

Variante: Statt in Buttermilchmarinade kann man das Fleisch auch 24 Stunden in folgende Essigbeize legen (und mehrmals während der Marinierzeit wenden). ½ l Kräuteressig, ½ l Wasser, 100 g Zwiebel, geschält und kleingeschnitten, sowie Lorbeerblatt und Gewürzkörner wie im Rezept aufkochen, abkühlen lassen und das Fleisch darin wie oben marinieren.

Rinderroulade in Bratfolie

Zutaten für 4 Portionen:
500 g Rinderrouladen (4 Scheiben) · 4 Messerspitzen Senf · Salz · weißer Pfeffer, frisch gemahlen · Zimtpulver · 10 g Parmesankäse mit 30% Fett i. Tr. (4 gestrichene Teel.) · 200 g Bananen (2 mittelgroße)

Nährwert pro Portion etwa: 1070 kJ/260 kcal
28 g Eiweiß · 10 g Fett · 11 g Kohlenhydrate · 2 g Ballaststoffe · 150 mg Harnsäure

- Vorbereitungszeit: etwa 25 Minuten
- Garzeit: etwa 40 Minuten

So wird's gemacht: Den Backofen auf 200° vorheizen. Die Rouladen kalt abspülen, mit Küchenkrepp trockentupfen, mit dem Senf bestreichen und mit Salz, Pfeffer, Zimtpulver und dem Parmesan bestreuen. • Die Bananen schälen und quer halbieren. Jede Roulade mit 1 Bananenhälfte belegen, aufwickeln und mit Rouladennadeln zustecken. Die Rouladen in ein genügend großes Stück Bratfolie geben und die Folie nach Vorschrift verschließen. Im Backofen etwa 40 Minuten garen. • Vor dem Servieren die Nadeln entfernen und die Rouladen mit dem Bratfond auf vorgewärmten Tellern anrichten.

Die Enden der Folie fest zusammendrehen, zubinden, umschlagen und nochmals zubinden. Die Folie auf der Oberseite mehrmals einstechen.

Abwandlung für die übrige Familie: Zusätzlich die Rouladen mit je 1 Scheibe Räucherspeck füllen. 1 gestrichenen Teelöffel Mehl mit 2 gestrichenen Eßlöffeln Sahne verrühren, die Bratflüssigkeit damit binden und nochmals etwa 5 Minuten bei schwacher Hitze kochen lassen.

Das paßt dazu: Kressesalat (Rezept Seite 41) und Salzkartoffeln. Als Dessert Melone mit Himbeeren (Rezept Seite 68).

Geschnetzeltes Lammfleisch

Bild 2. Umschlagseite

Zutaten für 4 Portionen:
500 g Lammfleisch aus der Keule · 20 g Diätöl (2 Eßl.) · Salz · schwarzer Pfeffer, frisch gemahlen · 100 g Zwiebel (1 große) · 10 g Knoblauch (1 große Zehe) · ¾ l heißes Wasser oder heiße fettarme Fleischbrühe · 250 g frische Champignons · 75 g saure Sahne mit 10% Fett · 5 g Thymian, frisch feingeschnitten (1 gehäufter Eßl.) oder 1 Prise getrockneter Thymian, gerebelt · 5 g Zitronensaft (1 Teel.) · 1 Tropfen flüssiger Süßstoff

Nährwert pro Portion etwa: 1600 kJ/380 kcal
25 g Eiweiß · 30 g Fett · 6 g Kohlenhydrate · 2 g Ballaststoffe · 200 mg Harnsäure

- Vorbereitungszeit: etwa 25 Minuten
- Garzeit: etwa 30 Minuten

So wird's gemacht: Das Lammfleisch kalt abspülen, mit Küchenkrepp trockentupfen und in schmale Streifen schneiden. Das Öl in einem mittelgroßen Schmortopf erhitzen. Die Fleischstreifen darin unter Umwenden bräunen lassen. Mit Salz und Pfeffer würzen. • Die Zwiebel und die Knoblauchzehe schälen, sehr fein würfeln und zum Fleisch geben. Die Hälfte der heißen Flüssigkeit angießen und alles etwa 20 Minuten zugedeckt bei schwacher Hitze garen. • Die Champignons putzen, in Blättchen schneiden und mit der restlichen Flüssigkeit in den Topf geben. Alles noch etwa 10 Minuten zugedeckt bei schwacher Hitze weiterkochen lassen. • Die saure Sahne mit 3 Eßlöffeln Bratflüssigkeit verrühren und die Sauce damit legieren. Mit Salz, Pfeffer, dem Thymian, dem Zitronensaft und dem Süßstoff abschmecken.

Abwandlung für die übrige Familie: Zusätzlich 1 gestrichenen Teelöffel Mehl mit 2 Eßlöffeln süßer Sahne glattrühren, die Sauce damit binden und nochmals etwa 5 Minuten bei schwacher Hitze kochen lassen.

Das paßt dazu: Broccoli (Rezept Seite 55) und körnig gekochter Reis. Als Dessert Quittenkompott (Rezept Seite 66).

Mein Tip Verwenden Sie möglichst nur Zuchtchampignons. Pilze, die auf Wiesen und in Wäldern wachsen, können Blei und Cadmium enthalten. Diese Schwermetalle sind nicht ungefährlich für den menschlichen Organismus.

Steak mit grünem Pfeffer

Zutaten für 4 Portionen:
500 g Rinderfiletsteaks (4 Stück zu je 125 g) · Salz · weißer Pfeffer, frisch gemahlen · 10 g grüne Pfefferkörner (2 gehäufte Teel.) · 40 g Diätmargarine oder Butter (4 gestrichene Eßl.)

Nährwert pro Portion etwa: 880 kJ/210 kcal
24 g Eiweiß · 14 g Fett · 0 g Kohlenhydrate · 0 g Ballaststoffe · 150 mg Harnsäure

- Vorbereitungszeit: etwa 15 Minuten
- Garzeit: etwa 10 Minuten

So wird's gemacht: Die Steaks kalt abspülen, mit Küchenkrepp trockentupfen, auf beiden Seiten leicht salzen und mit weißem Pfeffer bestreuen. • Den grünen Pfeffer mit 2 gestrichenen Eßlöffeln Margarine oder Butter zerdrükken. Die Steaks von beiden Seiten mit der Pfefferbutter beziehungsweise -margarine bestreichen. • Das restliche Fett in einer mittelgroßen Pfanne erhitzen und die Steaks darin bei mittlerer Hitze von jeder Seite etwa 5 Minuten braten.

Abwandlung für die übrige Familie: Zusätzlich 2 Eßlöffel Butter zum Braten nehmen. Auf die warmen Teller je 1 Eßlöffel Weinbrand oder Cognac gießen, anzünden, die Steaks darauflegen und den Alkohol ausbrennen lassen.

Das paßt dazu: Möhrengemüse (Rezept Seite 54) und körnig gekochter Reis. Als Dessert Mango-Orangen-Gelee (Rezept Seite 67).

Geflügelspießchen vom Grill

Zutaten für 4 Portionen:
400 g Hähnchenfleisch (4 Hähnchenschnitzel) · 200 g Honigmelone, geschält (2 dicke Spalten) · 150 g rote Paprikaschote (1 große) · 100 g Zwiebel (1 große) · schwarzer Pfeffer, frisch gemahlen · einige Tropfen Diätöl · Salz

Nährwert pro Portion etwa: 550 kJ/130 kcal
24 g Eiweiß · 2 g Fett · 7 g Kohlenhydrate · 1 g Ballaststoffe · 110 mg Harnsäure

- Vorbereitungszeit: etwa 30 Minuten
- Grillzeit: etwa 15 Minuten

So wird's gemacht: Das Hähnchenfleisch kalt abspülen, mit Küchenkrepp trockentupfen und in 12 gleich große Stücke schneiden. Die Honigmelone in 8 Würfel schneiden. Die Paprikaschote vierteln, von Stiel und Kernen befreien, kalt abspülen und ebenfalls in 8 Stücke schneiden. Die Zwiebel schälen und achteln. • Alle Zutaten in bunter Reihenfolge auf 4 Spießchen stecken und von allen Seiten pfeffern. Im vorgeheizten Grill auf dem leicht geölten Rost insgesamt etwa 15 Minuten grillen, dabei einmal wenden. • Die Spieße erst nach dem Grillen salzen. Fleisch und Gemüse mit der Gabel auf vorgewärmte Teller streifen.

Das paßt dazu: Rosenkohl (Rezept Seite 56) und Salzkartoffeln.

Poularde im Tontopf

Zutaten für 4 Portionen:
1 kg Poularde · Salz · weißer Pfeffer, frisch gemahlen · Paprikapulver · 150 g grüne Paprikaschote (1 große) · 1 großes Bund Suppengrün · 100 g Zwiebel (1 große) · 200 g Brüh- oder Langkornreis · 1 Lorbeerblatt · 6 Pimentkörner · ½ l heißes Wasser oder heiße fettarme Fleischbrühe

Nährwert pro Portion etwa: 1480 kJ/350 kcal
31 g Eiweiß · 10 g Fett · 44 g Kohlenhydrate · 4 g Ballaststoffe · 137 mg Harnsäure

- Vorbereitungszeit: etwa 30 Minuten
- Garzeit: etwa 1½ Stunden

So wird's gemacht: Eine Tonform nach Vorschrift wässern. Die Poularde innen und außen unter fließendem kaltem Wasser waschen, mit Küchenkrepp trockentupfen und mit Salz und Gewürzen innen und außen einreiben. • Die Paprikaschote halbieren, von Stiel und Kernen befreien, kalt waschen und in schmale Streifen schneiden. Das Suppengrün putzen, waschen und kleinschneiden. Die Zwiebel schälen und kleinwürfeln. Den Reis in einem Sieb kalt abspülen und abtropfen lassen. • Die Poularde mit dem Gemüse, dem Reis, dem Lorbeerblatt, den Pimentkörnern und der heißen Flüssigkeit in die Tonform geben. Die Form schließen, in den kalten Backofen (Mitte) schieben und das Gericht bei 240° etwa 1½ Stunden garen. • Während der letzten 10 Minuten Garzeit den Deckel abnehmen, damit die Poularde bräunt. • Die Poularde herausnehmen, tranchieren und mit dem Gemüse sowie dem Reis auf einer vorgewärmten Platte anrichten. Vor dem Servieren das Lorbeerblatt und die Pimentkörner entfernen.

Das paßt dazu: als Dessert Melone mit Himbeeren (Rezept Seite 68).

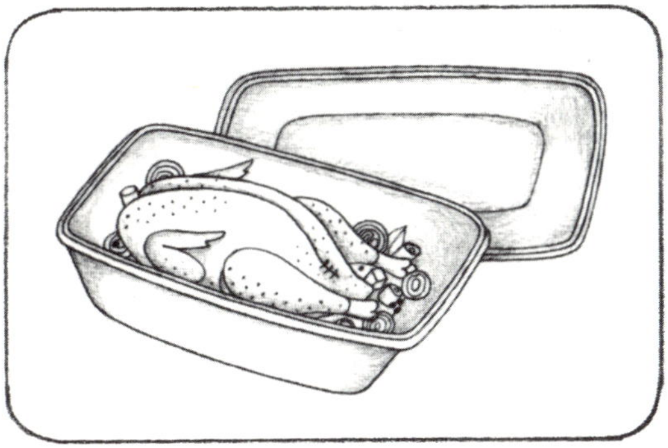

Die leere Tonform sowie der Deckel werden gewässert. Die Form muß immer in den kalten Backofen geschoben werden, weil sie sonst zerspringt.

Rotkohlrouladen mit Hackfleisch

Zutaten für 4 Portionen:
800 g Rotkohl · 100 g Zwiebel (1 große) · 250 g Tatar · 200 g körniger Frischkäse mit 20% Fett i. Tr., zum Beispiel Hüttenkäse · 60 g Ei (1 mittelgroßes) · 100 g Apfel (1 mittelgroßer) · Salz · schwarzer Pfeffer, frisch gemahlen · Pimentpulver · 4 Nelken · 20 g Diätöl (2 Eßl.) · ¼ l heißes Wasser oder heiße fettarme Fleischbrühe

Nährwert pro Portion etwa: 1200 kJ/290 kcal
26 g Eiweiß · 12 g Fett · 16 g Kohlenhydrate · 7 g Ballaststoffe · 116 mg Harnsäure

- Vorbereitungszeit: etwa 30 Minuten
- Garzeit: etwa 45 Minuten

So wird's gemacht: Den Rotkohlkopf putzen und mit siedendem Wasser überbrühen. Die Kohlblätter voneinander lösen und grobe Rippen glattschneiden. • Die Zwiebel schälen und kleinwürfeln. Aus dem Tatar, dem Frischkäse, dem Ei und den Zwiebelwürfeln in einer mittelgroßen Schüssel einen Fleischteig kneten. • Den Apfel schälen, vierteln, vom Kerngehäuse befreien und grob in den Fleischteig raspeln. Alles gut vermischen. Mit Salz, Pfeffer und Piment abschmecken. • 2 Eßlöffel Teig von der Masse abnehmen und beiseite stellen. Für 4 Rouladen jeweils 1 großes und 1 kleines Kohlblatt aufeinanderlegen, mit einem Viertel vom restlichen Fleischteig füllen, aufrollen und mit Rouladennadeln zustecken. In jede Kohlroulade 1 Nelke stecken. • Das Öl in einem großen, flachen Topf erhitzen und den aufbewahrten Fleischteig mit restlichen Kohlblättern, sehr fein geschnitten, darin goldbraun braten. Mit dem Wasser oder der Fleischbrühe ablöschen und zum Kochen bringen. Die Rouladen nebeneinander in die kochende Flüssigkeit legen und zugedeckt bei schwacher Hitze etwa 45 Minuten garen. Wenn nötig, zwischendurch etwas Flüssigkeit zugießen. • Vor dem Servieren die Nelken und die Rouladennadeln entfernen.

Abwandlung für die übrige Familie: Die Rouladen zusätzlich mit je 1 Streifen Räucherspeck füllen.

Das paßt dazu: Fenchelsalat mit Grapefruitsaft (Rezept Seite 41) und Salzkartoffeln. Als Dessert Traubenjoghurt mit Zimt (Rezept Seite 66).

Pariser Zwiebeln

Bild Seite 63

Zutaten für 4 Portionen:
1 l Wasser · Salz · 1200 g Gemüsezwiebeln (4 große) · 350 g Lauch/Porree (6 dünne Stangen) · 20 g Diätmargarine oder Butter (2 gestrichene Eßl.) · 125 g saure Sahne mit 10% Fett · 120 g Eier (2 mittelgroße) · ⅛ l fettarme Milch mit 1,5% Fett · weißer Pfeffer, frisch gemahlen · 50 g Edamer mit 40% Fett i. Tr., frisch gerieben · 1 Prise Muskatnuß, frisch gerieben
Für die Form: 5 g Diätmargarine oder Butter (1 gestrichener Teel.)

Nährwert pro Portion etwa: 1400 kJ/330 kcal
15 g Eiweiß · 16 g Fett · 32 g Kohlenhydrate · 13 g Ballaststoffe · 27 mg Harnsäure

- Vorbereitungszeit: etwa 30 Minuten
- Garzeit: etwa 40 Minuten

So wird's gemacht: Das Wasser mit Salz in einem großen Topf zum Kochen bringen. Die Zwiebeln schälen und quer halbieren. Die Zwiebelhälften mit der Schnittfläche nach unten in das kochende Wasser setzen, zudecken und in etwa 10 Minuten halbgar kochen. • Die Zwiebelhälften mit einem Schaumlöffel herausnehmen, abtropfen lassen und auf eine große Platte legen. • Den Lauch putzen, halbieren, gründlich kalt waschen und in feine Streifen schneiden. Die Margarine oder Butter in einem mittelgroßen Topf schmelzen lassen und die Lauchstreifen darin unter Rühren etwa 3 Minuten andünsten. • Die Sahne mit einer Gabel glattrühren, zum Lauch gießen und etwa 10 Minuten bei schwacher Hitze köcheln lassen, zwischendurch umrühren. • Die Eier in Eigelbe und Eiweiße trennen. Die Eigelbe mit wenig Salz, der Milch und Pfeffer verquirlen. Die Mischung unter den Lauch rühren. Danach den Käse daruntermischen. Den Topf vom Herd nehmen. • Den Backofen auf 200° vorheizen. Eine feuerfeste Form oder vier Portionsformen mit dem Fett ausstreichen. • Die Zwiebelhälften mit einem Eßlöffel vorsichtig aushöhlen. Die ausgehöhlten Zwiebelstücke kleinschneiden, unter den Lauch mischen und die Zwiebelhälften damit füllen. Die gefüllten Zwiebeln in die große Form oder die kleinen Formen setzen, in den Backofen (Mitte) schieben und die Zwiebeln etwa 20 Minuten backen. • Inzwischen die Eiweiße mit 1 Prise Salz und der Muskatnuß zu steifem Schnee schlagen und diesen mit einem Teelöffel auf die Füllung in den Zwiebelhälften verteilen. Die Zwiebeln mit den »Schneehäubchen« so lange weiterbacken, bis diese eine bräunlichgelbe Farbe angenommen haben.

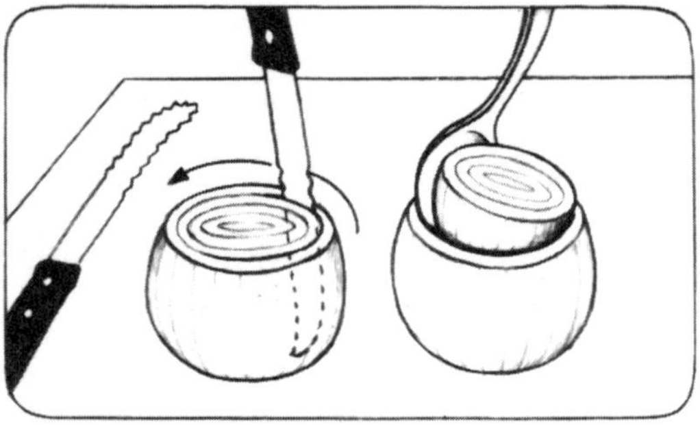

Zum Aushöhlen der Zwiebelhälften die Schichten mit einem Messer vorsichtig lockern, dann mit einem scharfrandigen Löffel herausheben.

Möhrengemüse

Zutaten für 4 Portionen:
1 kg frische Möhren · ¼ l Wasser · Salz · 5 Pimentkörner · 20 g Diätmargarine oder Butter (2 gestrichene Eßl.) · 10 g Petersilie, frisch feingehackt (2 gehäufte Eßl.)

Nährwert pro Portion etwa: 590 kJ/140 kcal
3 g Eiweiß · 5 g Fett · 22 g Kohlenhydrate · 18 g Ballaststoffe · 51 mg Harnsäure

- Vorbereitungszeit: etwa 20 Minuten
- Garzeit: etwa 20 Minuten

So wird's gemacht: Die Möhren putzen, waschen und in Würfel oder Stifte schneiden. Das Wasser mit Salz und den Pimentkörnern in einem mittelgroßen Topf zum Kochen bringen. Die Möhrenwürfel oder -stifte hineingeben und bei schwacher Hitze etwa 20 Minuten zugedeckt dünsten. • Das Fett unter das Gemüse mischen. Mit Salz abschmecken und mit der Petersilie bestreuen. Vor dem Anrichten die Pimentkörner entfernen.

Abwandlung für die übrige Familie: Zusätzlich 2 gehäufte Eßlöffel Butter unter das heiße Gemüse mischen.

Das paßt dazu: Steak mit grünem Pfeffer (Rezept Seite 51).

Broccoli

Zutaten für 4 Portionen:
1 kg Broccoli · ¼ l Wasser · Salz · 4 Pfefferkörner · 4 Pimentkörner · 20 g Diätmargarine oder Butter (2 gestrichene Eßl.) · weißer Pfeffer, frisch gemahlen · 10 g Schnittlauch, frisch feingeschnitten (2 gehäufte Eßl.)

Nährwert pro Portion etwa: 500 kJ/120 kcal
9 g Eiweiß · 5 g Fett · 11 g Kohlenhydrate · 10 g Ballaststoffe · 0 mg Harnsäure

- Vorbereitungszeit: etwa 20 Minuten
- Garzeit: etwa 15 Minuten

So wird's gemacht: Die Broccolistauden kalt waschen und putzen, dabei die harten Stengelenden abschneiden. Das Wasser mit Salz und den Gewürzkörnern zum Kochen bringen. • Die zarten Broccolistengel kleinschneiden und zusammen mit den jungen Blättern sowie den Röschen ins kochende Salzwasser geben. Den Topf zudecken und das Gemüse bei schwacher Hitze etwa 15 Minuten garen. • Das Fett in Flöckchen auf dem heißen Broccoli verteilen und zerlaufen lassen. Das Gemüse mit Pfeffer und dem Schnittlauch bestreuen und in einer vorgewärmten Schüssel servieren. Die Gewürzkörner vor dem Anrichten entfernen.

Abwandlung für die übrige Familie: Zusätzlich 2 gestrichene Eßlöffel Semmelbrösel in 2 gehäuften Eßlöffeln Butter bräunen und über das Gemüse geben.

Das paßt dazu: geschnetzeltes Lammfleisch (Rezept Seite 51) oder Rotbarsch in Alufolie (Rezept Seite 48).

Prinzeßbohnen mit Kräutern

Zutaten für 4 Portionen:
20 g Diätmargarine oder Butter (2 gestrichene Eßl.) · 900 g Prinzeßbohnen, frisch oder tiefgefroren · Salz · ¼ l heißes Wasser · 5 g Bohnenkraut, frisch feingeschnitten (1 gehäufter Eßl.) · 5 g Petersilie, frisch feingehackt (1 gehäufter Eßl.) · weißer Pfeffer, frisch gemahlen

Nährwert pro Portion etwa: 490 kJ/120 kcal
5 g Eiweiß · 5 g Fett · 14 g Kohlenhydrate · 7 g Ballaststoffe · 90 mg Harnsäure

- Vorbereitungszeit: etwa 15 Minuten
- Garzeit: etwa 20 Minuten

So wird's gemacht: Das Fett in einem mittelgroßen Topf zerlaufen lassen. Die Prinzeßbohnen putzen, kalt waschen und in den Topf geben (tiefgefrorene Bohnen unaufgetaut). Mit Salz bestreuen und das Wasser angießen. Zugedeckt bei schwacher Hitze etwa 20 Minuten dünsten. • Die Kräuter und den Pfeffer untermischen und das Gemüse eventuell noch mit Salz abschmecken.

Abwandlung für die übrige Familie: Zusätzlich 2 gehäufte Eßlöffel Butter bräunen und an die Bohnen gießen.

Das paßt dazu: Steak mit grünem Pfeffer (Rezept Seite 51) oder Rindergulasch mit Pflaumen (Rezept Seite 49).

Rosenkohl

Zutaten für 4 Portionen:
1 kg Rosenkohl, frisch oder tiefgefroren · ¼ l Wasser · Salz · 20 g Diätmargarine oder Butter (2 gestrichene Eßl.) · weißer Pfeffer, frisch gemahlen · 10 g Petersilie, frisch feingehackt (2 gehäufte Eßl.)

Nährwert pro Portion etwa: 700 kJ/170 kcal
12 g Eiweiß · 6 g Fett · 17 g Kohlenhydrate · 10 g Ballaststoffe · 126 mg Harnsäure

- Vorbereitungszeit: etwa 15 Minuten
- Garzeit: etwa 20 Minuten

So wird's gemacht: Den Rosenkohl putzen, kalt waschen und am Stengelansatz kreuzweise einschneiden. Das Wasser mit Salz in einem mittelgroßen Topf zum Kochen bringen. Den Rosenkohl ins kochende Wasser geben (tiefgefrorenen Rosenkohl unaufgetaut) und zugedeckt etwa 20 Minuten bei schwacher Hitze garen. • Kurz vor Beendigung der Garzeit das Fett zugeben und den Rosenkohl darin schwenken. Mit Pfeffer und, wenn nötig, mit Salz abschmecken. Das Gemüse mit der Petersilie bestreuen.

Mein Tip Gemüse und Kartoffeln immer in möglichst wenig kochende Flüssigkeit geben und zugedeckt garen, damit Vitamine und Mineralstoffe nicht verlorengehen.

Abwandlung für die übrige Familie: Zusätzlich 2 gestrichene Eßlöffel Semmelbrösel in 3 gestrichenen Eßlöffeln Butter bräunen und über den Rosenkohl verteilen.

Das paßt dazu: Geflügelspießchen vom Grill (Rezept Seite 52).

Geschmorte Auberginen mit Ei

Zutaten für 4 Portionen:
10 g Diätöl (1 Eßl.) · 40 g magerer roher Schinken (4 dünne, kleine Scheiben) · ¼ l heißes Wasser · 200 g Zwiebeln (2 große) · 800 g Auberginen (2 sehr große) · Salz · weißer Pfeffer, frisch gemahlen · 180 g Eier (3 mittelgroße) · 2 Eßl. kaltes Wasser

Nährwert pro Portion etwa: 810 kJ/190 kcal
10 g Eiweiß · 11 g Fett · 13 g Kohlenhydrate · 7 g Ballaststoffe · 8 mg Harnsäure

- Vorbereitungszeit: etwa 15 Minuten
- Garzeit: etwa 35 Minuten

So wird's gemacht: Das Öl in einem großen Schmortopf erhitzen und die Schinkenscheiben darin ausbraten. Das Wasser zugießen und zum Kochen bringen. • Die Zwiebeln schälen, in Ringe schneiden und auf dem Schinken verteilen. • Die Auberginen waschen, von den Stielen befreien und der Länge nach durchschneiden. Die Auberginenhälften mit der Schnittfläche auf die Zwiebelringe legen. Falls die Schinkenscheiben nicht sehr salzig sind, etwas Salz und Pfeffer auf die Auberginen streuen. Die Auberginen bei schwacher Hitze zugedeckt etwa 15 Minuten schmoren lassen. • Danach die Auberginen wenden und nochmals zugedeckt 15 Minuten garen. • Die Eier mit dem Wasser, Salz und Pfeffer verquirlen, die Masse über die Auberginen gießen und in etwa 5 Minuten stocken lassen.

Das paßt als Dessert: Traubenjoghurt mit Zimt (Rezept Seite 66).

Kartoffeln vom Blech

Zutaten für 4 Portionen:
½ Teel. Diätöl · 800 g mehlig kochende Kartoffeln · 200 g saure Sahne mit 10% Fett · 15 g Schnittlauch, frisch feingeschnitten (3 gehäufte Eßl.) · Salz · weißer Pfeffer, frisch gemahlen

Nährwert pro Portion etwa: 870 kJ/210 kcal
6 g Eiweiß · 6 g Fett · 34 g Kohlenhydrate · 5 g Ballaststoffe · 20 mg Harnsäure

- Vorbereitungszeit: etwa 15 Minuten
- Backzeit: etwa 30 Minuten

So wird's gemacht: Den Backofen auf 200° vorheizen. Ein Backblech mit dem Diätöl einpinseln. Die Kartoffeln unter fließendem Wasser gründlich bürsten, mit Küchenkrepp trockentupfen und der Länge nach einmal durchschneiden. • Die Kartoffelhälften mit den Schnittflächen nach oben auf das Blech legen. Das Blech in den Backofen (Mitte) schieben und die Kartoffeln etwa 30 Minuten backen. • Inzwischen die saure Sahne in einer mittelgroßen Schüssel mit dem Schnittlauch, Salz und Pfeffer verrühren. • Die gebackenen Kartoffelhälften auf vorgewärmte Teller verteilen und auf jede Hälfte etwas Sahnesauce geben.

Das paßt dazu: Poularde im Tontopf (Rezept Seite 52) und gemischter Salat mit Ei (Rezept Seite 42).

Kartoffel-Gurken-Gemüse

Zutaten für 4 Portionen:
500 g festkochende Kartoffeln · 500 g Salatgurke (1 große) · ⅛ l Wasser · Salz · 6 Pimentkörner · 6 weiße Pfefferkörner · 1 Lorbeerblatt · 10 g Dill, frisch feingeschnitten (2 gehäufte Eßl.)

Nährwert pro Portion etwa: 450 kJ/110 kcal
4 g Eiweiß · 1 g Fett · 23 g Kohlenhydrate · 8 g Ballaststoffe · 12 mg Harnsäure

- Vorbereitungszeit: etwa 15 Minuten
- Garzeit: etwa 25 Minuten

So wird's gemacht: Die Kartoffeln und die Gurken waschen, schälen und in fingerdicke Scheiben schneiden. Das Wasser mit Salz, den Gewürzkörnern und dem Lorbeerblatt in einem mittelgroßen Topf zum Kochen bringen und die Kartoffelscheiben darin zugedeckt bei schwacher Hitze etwa 5 Minuten garen. • Dann die Gurkenscheiben dazugeben und alles zugedeckt 20 Minuten weitergaren. • Vor dem Anrichten die Gewürzkörner und das Lorbeerblatt entfernen. Zuletzt den Dill vorsichtig daruntermischen.

Abwandlung für die übrige Familie: Zusätzlich 3 Streifen durchwachsenen Räucherspeck würfeln, in einer Pfanne ausbraten und unter das Gericht mischen.

Das paßt dazu: Steak mit grünem Pfeffer (Rezept Seite 51).

Tomatenreis mit Zwiebeln

Zutaten für 4 Portionen:
200 g Naturreis (Brüh- oder Langkornreis) · 20 g Diätöl (2 Eßl.) · Salz · 1 Lorbeerblatt · 6 Pimentkörner · 6 schwarze Pfefferkörner · 40 g Tomatenmark (2 gestrichene Eßl.) · 200 g Zwiebeln (2 große) · 10 g Knoblauch (1 große Zehe) · 1 l heißes Wasser oder heiße fettarme Fleischbrühe · 300 g Tomaten (3 große) · 1 Röhrchen Kapern · schwarzer Pfeffer, frisch gemahlen

Nährwert pro Portion etwa: 1200 kJ/290 kcal
6 g Eiweiß · 7 g Fett · 46 g Kohlenhydrate · 5 g Ballaststoffe · 7 mg Harnsäure

- Vorbereitungszeit: etwa 15 Minuten
- Garzeit: etwa 35 Minuten

So wird's gemacht: Den Reis in einem Sieb kalt waschen und abtropfen lassen. Das Öl in einem mittelgroßen Topf erhitzen. Den Reis im Öl zusammen mit Salz, dem Lorbeerblatt, den Gewürzkörnern und dem Tomatenmark unter Rühren kurz anbraten. Die Zwiebeln und die Knoblauchzehe schälen, sehr klein würfeln und in den Topf geben. ½ l Wasser oder Brühe aufgießen und den Reis zugedeckt bei schwacher Hitze etwa 15 Minuten quellen lassen. • Die restliche Flüssigkeit zugießen und den Reis zugedeckt weitere 20 Minuten garen. • Die Tomaten kreuzweise einritzen, mit kochendheißem Wasser überbrühen, häuten und halbieren; dabei den Stielansatz entfernen. Die Kerne herauslösen und die Tomatenhälften kleinschneiden. Die Tomatenstückchen und die Kapern (ohne Flüssigkeit) unter den heißen Reis mischen. Mit Salz und Pfeffer abschmecken. Vor dem Anrichten das Lorbeerblatt und die Gewürzkörner entfernen.

Mein Tip So oft wie möglich sollten Sie Naturreis oder Vollkornteigwaren essen, denn diese enthalten bedeutend mehr Vitamine, Mineralstoffe und Spurenelemente sowie Ballaststoffe (siehe Seite 26) als zum Beispiel geschälter (polierter) Reis und Nudeln aus weißem Mehl.

Abwandlung für die übrige Familie: Zusätzlich 3 Streifen durchwachsenen Räucherspeck kleinschneiden, ausbraten und über den Tomatenreis verteilen.

Das paßt dazu: geschnetzeltes Lammfleisch (Rezept Seite 51).

Grieß-Hackfleisch-Bällchen

Zutaten für 4 Portionen:
60 g Grieß (5 gestrichene Eßl.) · 250 g gemischtes Hackfleisch · 200 g körniger Frischkäse mit 20% Fett i. Tr., zum Beispiel Hüttenkäse · 60 g Ei (1 mittelgroßes) · 3 Eßl. kaltes Wasser · Salz · weißer Pfeffer, frisch gemahlen · Muskatnuß, frisch gerieben · 1½ l heißes Wasser · 1 Lorbeerblatt · 6 Pimentkörner

Nährwert pro Portion etwa: 1200 kJ/290 kcal
23 g Eiweiß · 16 g Fett · 11 g Kohlenhydrate · 0 g Ballaststoffe · 75 mg Harnsäure

- Vorbereitungszeit: etwa 20 Minuten
- Garzeit: etwa 15 Minuten

So wird's gemacht: Aus dem Grieß, dem Hackfleisch, dem Frischkäse, dem Ei, dem kalten Wasser, Salz und Gewürzen in einer mittelgroßen Schüssel einen Teig kneten. • 8 Bällchen daraus formen. Das heiße Wasser mit Salz, dem Lorbeerblatt und den Pimentkörnern in einem großen Topf zum Kochen bringen und die Bällchen darin zugedeckt etwa 15 Minuten bei schwacher Hitze ziehen lassen. • Die Klößchen mit einem Schaumlöffel herausheben und auf vorgewärmten Tellern anrichten.

Das paßt dazu: Quarkremoulade (Rezept Seite 38) oder Tomaten-Trauben-Salat (Rezept Seite 40).

Süße Hirse mit Joghurt

Zutaten für 4 Portionen:
1 l Wasser · 1 Prise Salz · 200 g Hirse · 40 g Honig (2 gestrichene Eßl.) · 300 g fettarmer Joghurt mit 1,5% Fett (2 Becher) · 800 g frisches Apfelkompott

Nährwert pro Portion etwa: 1400 kJ/330 kcal
6 g Eiweiß · 3 g Fett · 73 g Kohlenhydrate · 8 g Ballaststoffe · 10 mg Harnsäure

- Vorbereitungszeit: etwa 10 Minuten
- Garzeit: etwa 15 Minuten

So wird's gemacht: Das Wasser mit dem Salz in einem großen Topf zum Kochen bringen. Die Hirse in einem Sieb kalt abbrausen, abtropfen lassen, ins kochende Salzwasser schütten, zudekken und etwa 15 Minuten bei schwacher Hitze garen. • Den Honig mit einem Holzlöffel unter den heißen Hirsebrei heben und alles abkühlen lassen. • Den Joghurt mit einem Schneebesen glattrühren und unter den Brei mischen. Den Hirsebrei auf tiefe Teller verteilen und das Apfelkompott dazu reichen.

Abwandlung für die übrige Familie: Zusätzlich 150 g Sahne (30% Fett) steif schlagen, unter den Hirsebrei heben und mit 1 gestrichenen Eßlöffel Honig nachsüßen. Den Brei mit 2 gehäuften Eßlöffeln feingehackter Walnußkerne bestreuen.

Selbstgemachte Nudeln

Bild Seite 28

Zutaten für 4 Portionen:
400 g Mehl · 240 g Eier (4 mittelgroße) · Salz · etwas Mehl zum Kneten · eventuell etwas kaltes Wasser · 4 l heißes Wasser · 5 g Diätöl (1 Teel.)

Nährwert pro Portion etwa: 2000 kJ/480 kcal
18 g Eiweiß · 9 g Fett · 79 g Kohlenhydrate · 0 g Ballaststoffe · 22 mg Harnsäure

- Vorbereitungszeit: etwa 40 Minuten
- Ruhezeit: etwa 15 Minuten
- Garzeit: etwa 10 Minuten

So wird's gemacht: Das Mehl auf ein großes Backbrett sieben, in die Mitte eine Mulde drükken, die Eier hineinschlagen, 1 Prise Salz darüberstreuen und mit einer Gabel langsam das Mehl von innen her unter die Eier rühren. Dann den Teig etwa 10 Minuten kräftig mit dem bemehlten Handballen kneten, bis er glatt und glänzend wird. Sollte der Teig zu fest werden, noch etwas kaltes Wasser darunterkneten. Schneidet man den fertigen Teig durch, so sollte er an der Schnittfläche kleine Löcher aufweisen. Den Teig zu einem großen Kloß formen, in ein bemehltes frisches Küchentuch wickeln, eine Schüssel darüberstülpen und den Teig 15 Minuten ruhen lassen. • Dann das Backbrett leicht mit Mehl bestreuen, den Teig in 3–4 Portionen teilen und diese nacheinander von der Mitte zum Rand hin gleichmäßig, etwa messerrückendick ausrollen. Den Teig, der nicht sofort verarbeitet wird, wieder in das Tuch einschlagen. Die ausgerollten Teigplatten kurz trocknen lassen. Sie dürfen aber nicht hart werden. • Die Platten leicht mit Mehl bestreuen, aufrollen und mit einem scharfen Messer in der gewünschten Breite in Scheiben schneiden. Die Nudeln mit beiden Händen vorsichtig aufnehmen, abschütteln und auf ein bemehltes Tuch geben, mit einer Gabel leicht auflockern und trocknen lassen. • In einem großen Topf das Wasser mit wenig Salz und dem Öl zum Kochen bringen. Die Nudeln auf einmal in das sprudelnd kochende Wasser schütten, mit einer Gabel durchrühren und zugedeckt bei mittlerer Hitze etwa 10 Minuten garen; zwischendurch umrühren, damit die Nudeln nicht am Topfboden festkleben. Die Nudeln »al dente« (bißfest) kochen, sofort in einem Sieb abgießen (nicht kalt abschrecken) und heiß servieren.

Mein Tip Wenn die Nudeln für Aufläufe oder Salate verwendet werden sollen, schreckt man sie mit kaltem Wasser ab und läßt sie in einem Sieb abtropfen.

Pikante Lasagne

Bild Umschlag-Vorderseite

Zutaten für 4 Portionen:
2 l heißes Wasser · Salz · 200 g Lasagneblätter, ersatzweise Spaghetti oder Makkaroni ·
200 g gemischtes Hackfleisch · schwarzer Pfeffer, frisch gemahlen · 3 Eßl. kaltes Wasser ·
200 g Zwiebeln (2 große) · 200 g körniger Frischkäse mit 20% Fett i. Tr. (Hüttenkäse)
Für den Guß: 120 g Eier (2 mittelgroße) ·
4 Eßl. kaltes Wasser · Salz · schwarzer Pfeffer, frisch gemahlen · 80 g Käse mit 40% Fett i. Tr. (4 Scheiben)
Für die Form: 5 g Diätöl (1 Teel.)

Nährwert pro Portion etwa: 2200 kJ/520 kcal
33 g Eiweiß · 24 g Fett · 40 g Kohlenhydrate ·
1 g Ballaststoffe · 79 mg Harnsäure

- Vorbereitungszeit: etwa 30 Minuten
- Backzeit: etwa 35 Minuten

So wird's gemacht: Das Wasser in einem großen Topf mit Salz zum Kochen bringen. Die Lasagneblätter (oder die anderen Teigwaren) darin zugedeckt bei schwacher Hitze 15 Minuten ziehen lassen; dann in einem Sieb kalt abschrecken und abtropfen lassen. • Das Hackfleisch in einer mittelgroßen Schüssel mit Salz, Pfeffer und dem kalten Wasser vermischen. Den Backofen auf 220° vorheizen. • Eine große, flache, feuerfeste Form einölen, mit der Hälfte der Lasagneblätter (oder der anderen Teigwaren) auslegen und den Fleischteig daraufstreichen. Die Zwiebeln schälen und in feine Ringe schneiden. Die Zwiebelringe über dem Fleisch und darauf den Frischkäse verteilen. Mit Salz und Pfeffer bestreuen. Mit den restlichen Teigwaren abdecken. Sie können auch in mehreren Schichten Fleisch und Lasagneblätter einfüllen. • Die Eier mit dem Wasser verquirlen, mit Salz und Pfeffer würzen und über die Lasagne gießen. Die Form zudecken, den Auflauf in den Backofen (unten) schieben und bei starker Hitze etwa 30 Minuten garen. • Danach den Deckel abnehmen, die Käsescheiben auf die Lasagne legen und das Gericht noch etwa 5 Minuten ohne Deckel überbacken.

Das paßt als Dessert: Quittenkompott (Rezept Seite 66).

Eintöpfe und Aufläufe

Bohnentopf mit Lamm

Zutaten für 4 Portionen:
500 g Lammfleisch aus der Keule · 10 g Diätöl (1 Eßl.) · Salz · weißer Pfeffer, frisch gemahlen · 4 Pimentkörner · 4 weiße Pfefferkörner · 1 Lorbeerblatt · 2 l heißes Wasser · 10 g Knoblauch (1 große Zehe) · 200 g Zwiebeln (2 große) · 600 g grüne Bohnen, frisch oder tiefgefroren · 500 g Kartoffeln · 500 g Tomaten · 2 Tropfen flüssiger Süßstoff · 5 g Zitronensaft (1 Teel.) · 10 g Petersilie, frisch feingehackt (2 gehäufte Eßl.) · 5 g Bohnenkraut, frisch feingehackt

Nährwert pro Portion etwa: 2100 kJ/500 kcal
30 g Eiweiß · 26 g Fett · 39 g Kohlenhydrate · 10 g Ballaststoffe · 273 mg Harnsäure

- Vorbereitungszeit: etwa 35 Minuten
- Garzeit: etwa 50 Minuten

So wird's gemacht: Das Lammfleisch kalt abspülen, mit Küchenkrepp trockentupfen und in mittelgroße Würfel schneiden. • Das Öl in einem großen Schmortopf erhitzen und die Fleischwürfel darin von allen Seiten anbraten. Mit Salz und Pfeffer bestreuen. Die Gewürzkörner und das Lorbeerblatt hinzufügen. So viel heißes Wasser angießen, daß das Fleisch eben bedeckt ist und alles zugedeckt 20 Minuten bei mittlerer Hitze schmoren lassen. • Die Knoblauchzehe und die Zwiebeln schälen und feinwürfeln. Die frischen Bohnen putzen, kalt waschen und in Stücke brechen. Die Bohnen (tiefgefrorene Bohnen unaufgetaut) sowie die Knoblauch- und Zwiebelwürfel zum Fleisch geben, nochmals Flüssigkeit angießen und alles weitere 15 Minuten zugedeckt garen. • Die Kartoffeln schälen, waschen, in große Würfel schneiden, ebenfalls in den Topf füllen und etwa 10 Minuten mitgaren. • Die Tomaten waschen, halbieren, vom Stielansatz befreien, achteln und auf die Kartoffeln schichten. Den Eintopf nochmals 5 Minuten garen. • Mit Salz, Pfeffer, dem Süßstoff und dem Zitronensaft abschmecken. Zuletzt die Kräuter daraufstreuen. Vor dem Servieren die Gewürzkörner und das Lorbeerblatt entfernen.

Das paßt als Dessert: Quittenkompott (Rezept Seite 66).

Weißkohl-Möhren-Eintopf

Zutaten für 4 Portionen:
2½ l Wasser · Salz · 1 Lorbeerblatt · 6 Pimentkörner · 6 weiße Pfefferkörner · 500 g Rindfleisch (Brust oder Beinscheiben) · 700 g Weißkohl (1 mittelgroßer Kopf) · 300 g Möhren (3–4 große) · 250 g Kartoffeln (5 mittelgroße) · weißer Pfeffer, frisch gemahlen · 10 g Petersilie, frisch feingehackt (2 gehäufte Eßl.)

Nährwert pro Portion etwa: 1665 kJ/395 kcal
27 g Eiweiß · 21 g Fett · 25 g Kohlenhydrate · 12 g Ballaststoffe · 207 mg Harnsäure

- Vorbereitungszeit: etwa 35 Minuten
- Garzeit: etwa 2 Stunden

So wird's gemacht: Das Wasser mit Salz, dem Lorbeerblatt und den Gewürzkörnern in einem großen Topf zum Kochen bringen. Das Fleisch kalt abspülen, ins kochende Wasser geben und zugedeckt bei mittlerer Hitze etwa 1¼ Stunden garen. • Danach das Fleisch herausnehmen und warm stellen. Den Kohl putzen, vom harten Strunk befreien und kalt abspülen. Die Kohlblätter in sehr feine Streifen schneiden, in die kochende Fleischbrühe geben und zugedeckt bei schwacher Hitze etwa 30 Minuten kochen lassen. • Die Möhren und die Kartoffeln putzen beziehungsweise schälen, waschen und in Stifte schneiden. Unter den Kohl mischen und alles zugedeckt weitere 15 Minuten bei schwacher Hitze kochen lassen. • Das Fleisch in Würfel schneiden, in den Eintopf geben und wieder erhitzen. Mit Salz und Pfeffer abschmecken. Vor dem Servieren das Lorbeerblatt sowie die Gewürzkörner entfernen und die Petersilie auf den Eintopf streuen.

Rosenkohlauflauf

Zutaten für 4 Portionen:
¼ l heißes Wasser · Salz · 800 g Rosenkohl, frisch oder tiefgefroren · 100 g Zwiebel (1 große) · 120 g Eier (2 mittelgroße) · 200 g Tatar · 200 g gemischtes Hackfleisch · weißer Pfeffer, frisch gemahlen · Muskatnuß, frisch gerieben
Für die Form und zum Belegen: 5 g Diätöl (1 Teel.) · 60 g Schnittkäse mit 40% Fett i. Tr. (2 dicke Scheiben)

Nährwert pro Portion etwa: 1700 kJ/400 kcal
38 g Eiweiß · 22 g Fett · 15 g Kohlenhydrate · 9 g Ballaststoffe · 220 mg Harnsäure

- Vorbereitungszeit: etwa 25 Minuten
- Garzeit: etwa 55 Minuten

So wird's gemacht: Das Wasser mit Salz in einem mittelgroßen Topf zum Kochen bringen. Den Rosenkohl putzen, waschen, ins Salzwasser geben (tiefgefrorenen Rosenkohl unaufgetaut) und zugedeckt bei schwacher Hitze etwa 20 Minuten kochen lassen. • Den Backofen auf 220° vorheizen. Die Zwiebel schälen und in kleine Würfel schneiden. Die Eier in Eigelbe und Eiweiße trennen. • Aus dem Tatar, dem Hackfleisch, der kleingewürfelten Zwiebel, Salz, Gewürzen und den Eigelben in einer mittelgroßen Schüssel einen Teig kneten. Die beiden Eiweiße zu steifem Schnee schlagen und unter den Fleischteig heben. • Eine feuerfeste Form mit dem Öl einpinseln. Schichtweise die Hälfte des Rosenkohls, den Fleischteig und darauf den Rest Rosenkohl in die Form füllen. Die Form zudecken, in den Backofen (unten) schieben und den Auflauf bei starker Hitze etwa 30 Minuten garen. Danach den Deckel abnehmen, die Käsescheiben auf den Rosenkohl legen und den Auflauf noch etwa 5 Minuten überbacken.

Quarkauflauf mit Möhren

Zutaten für 4 Portionen:
250 g magerer Speisequark · 200 g Möhren (2 große) · 40 g Semmelbrösel (4 gestrichene Eßl.) · 20 g Zitronensaft (2 Eßl.) · abgeriebene Zitronenschale (Schale unbehandelt) · flüssiger Süßstoff · 120 g Eier (2 mittelgroße)
Für die Form: 5 g Diätöl (1 Teel.)

Nährwert pro Portion etwa: 660 kJ/160 kcal
14 g Eiweiß · 5 g Fett · 15 g Kohlenhydrate · 4 g Ballaststoffe · 17 mg Harnsäure

- Vorbereitungszeit: etwa 15 Minuten
- Backzeit: etwa 35 Minuten

So wird's gemacht: Den Quark in eine große Schüssel geben. Die Möhren putzen, waschen und sehr fein zum Quark reiben. Alles mit den Semmelbröseln, dem Zitronensaft, Zitronenschale und Süßstoff nach Geschmack glattrühren. Die Eier in Eigelbe und Eiweiße trennen. Die Eigelbe unter die Quarkmasse mischen. • Den Backofen auf 200° vorheizen. Eine Auflaufform mit dem Öl auspinseln. Die Eiweiße zu steifem Schnee schlagen und unter die Quarkmasse heben. • Die Masse in die Auflaufform füllen, glattstreichen, in den Backofen (unten) schieben und etwa 35 Minuten backen.

Pariser Zwiebeln sind eine Spezialität für Kenner. Verwenden Sie die großen Gemüsezwiebeln dazu, kleine Würzzwiebeln sind meist zu scharf. Rezept Seite 54. ▷

Polenta-Auflauf mit roten Sojabohnen

Bild nebenstehend

Zutaten für 4 Portionen:
300 g Azukibohnen (kleine rote Sojabohnen) · 2½ l Wasser · 1 Lorbeerblatt · 6 Pimentkörner · 1 Teel. Salbeiblätter, frisch feingeschnitten · 1 Teel. Thymian, frisch feingeschnitten · 1 Teel. Oregano, frisch feingeschnitten · Salz · 250 g Maisgrieß · 20 g Knoblauch (2 große Zehen) · 200 g Zwiebeln (2 große) · 30 g Diätöl (3 Eßl.) · 500 g Tomaten · 50 g Edamer Käse mit 40% Fett i. Tr., frisch gerieben
Für die Form: 5 g Diätmargarine oder Butter (1 gestrichener Teel.)

Nährwert pro Portion etwa: 2930 kJ/700 kcal
37 g Eiweiß · 26 g Fett · 78 g Kohlenhydrate · 6 g Ballaststoffe · 12 mg Harnsäure

- Einweichzeit: etwa 12 Stunden (über Nacht)
- Vorbereitungszeit: etwa 15 Minuten
- Garzeit: etwa 1¼ Stunden
- Backzeit: etwa 40 Minuten

So wird's gemacht: Die Azukibohnen in einem Sieb heiß abspülen, dann in einen großen Topf geben, mit 1½ l kaltem Wasser übergießen und zugedeckt an einem kühlen Platz etwa 12 Stunden (am besten über Nacht) quellen lassen. • Danach die Bohnen mit dem Einweichwasser, dem Lorbeerblatt, den Pimentkörnern, den Kräutern und wenig Salz zum Kochen bringen und zugedeckt bei schwacher Hitze etwa 1¼ Stunden garen. Bei Bedarf eventuell etwas heißes Wasser nachgießen. • In der Zwischenzeit 1 l Wasser mit Salz in einem mittelgroßen Topf zum Kochen bringen. Den Maisgrieß unter Rühren in das kochende Wasser schütten, kurz aufkochen, zudecken und bei ganz schwacher Hitze etwa 25 Minuten quellen lassen. • Die Knoblauchzehen und die Zwiebeln schälen. Den Knoblauch feinwürfeln, die Zwiebeln in feine Ringe schneiden. Das Öl in einer Pfanne erhitzen, die Knoblauchwürfel und die Zwiebelringe darin etwa 10 Minuten dünsten. • Die Tomaten kreuzweise einritzen, mit kochendheißem Wasser überbrühen, häuten, den Stielansatz entfernen und die Tomaten in dicke Scheiben schneiden. Die Scheiben in die Pfanne zur Zwiebelmischung geben und etwa 3 Minuten mitdünsten. • Den Backofen auf 200° vorheizen. Eine große Auflaufform (mit Deckel) mit der Margarine einfetten. Den geriebenen Käse unter den Maisbrei rühren, die Hälfte hiervon in die Form füllen und glattstreichen. Die Zwiebel-Tomaten-Mischung gleichmäßig auf den Maisbrei verteilen. • Das Lorbeerblatt und die Pimentkörner aus den Bohnen entfernen. Die Bohnen auf ein Sieb schütten, die abtropfende Flüssigkeit in einem Gefäß auffangen und unter den restlichen Maisbrei rühren. Die Bohnen in der Form verteilen, mit dem Maisbrei bedecken und die Oberfläche glattstreichen. Die Form mit dem Deckel zudecken und den Auflauf in den Backofen (unten) schieben. Etwa 30 Minuten backen. • Anschließend den Deckel abnehmen und den Auflauf weitere 10 Minuten backen, bis er eine hellbraune Farbe bekommen hat.

◁ So gelingt der Polenta-Auflauf (von links nach rechts): Die Azukibohnen einweichen, den Maisgrieß ins kochende Wasser rühren, den Knoblauch mit den Zwiebeln und Tomaten dünsten, die Zutaten schichtweise in die Form füllen, das ganze mit Polentabrei abdecken, den Auflauf heiß servieren. Rezept auf dieser Seite.

Mein Tip Azukibohnen sind kleine rote Sojabohnen, die man in Naturkostläden kaufen kann. Die Sorte ist schnell gar, sehr gut verträglich und eiweißreich.

Desserts und Gebäck

Quittenkompott

Zutaten für 4 Portionen:
400 g Quitten (4 mittelgroße) · 10 g Zitronensaft (1 Eßl.) · 1 Stück Zitronenschale (Schale unbehandelt) · 2 Nelken · 1 Stück Zimtstange · 1 Prise Salz · ¾ l kaltes Wasser · flüssiger Süßstoff

Nährwert pro Portion etwa: 270 kJ/65 kcal
1 g Eiweiß · 1 g Fett · 15 g Kohlenhydrate · 8 g Ballaststoffe · 0 mg Harnsäure

- Vorbereitungszeit: etwa 20 Minuten
- Garzeit: etwa 25 Minuten

So wird's gemacht: Die Quitten waschen, schälen, halbieren, vom Kerngehäuse befreien und in Scheiben schneiden. Die Scheiben in eine mittelgroße Schüssel geben und mit dem Zitronensaft beträufeln. • Die Quittenschalen mit der Zitronenschale, den Nelken, der Zimtstange und dem Salz in einem mittelgroßen Topf mit dem kalten Wasser zum Kochen bringen und 10 Minuten zugedeckt kochen lassen. • Dann die Flüssigkeit durch ein Sieb gießen und erneut zum Kochen bringen. Die Quittenscheiben in die Flüssigkeit schütten und zugedeckt etwa 15 Minuten garen. • Das Kompott abkühlen lassen, mit Süßstoff abschmecken und auf Dessertteller verteilen.

Zitronencreme

Zutaten für 4 Portionen:
100 ccm Zitronensaft · 300 g kaltes Wasser · flüssiger Süßstoff · 8 g gemahlene weiße Gelatine (4 gestrichene Teel.) oder 4 Blatt weiße Gelatine · 250 g Kefir mit 1,5% Fett (1 Becher)

Nährwert pro Portion etwa: 200 kJ/45 kcal
2 g Eiweiß · 2 g Fett · 5 g Kohlenhydrate · 0 g Ballaststoffe · 0 mg Harnsäure

- Zubereitungszeit: etwa 20 Minuten
- Kühlzeit: etwa 1 Stunde

So wird's gemacht: Den Zitronensaft mit dem Wasser und Süßstoff in einer mittelgroßen Schüssel verrühren. Die Gelatine nach Vorschrift auflösen und unter die Flüssigkeit mischen. Die Schüssel etwa 20 Minuten zugedeckt in den Kühlschrank stellen, bis die Masse zu stocken beginnt. • Danach den Kefir unter das Gelee ziehen. Die Creme in Schälchen füllen und im Kühlschrank fest werden lassen.

Abwandlung für die übrige Familie: Auf jede Portion 1 Tupfen Schlagsahne setzen.

Traubenjoghurt mit Zimt

Zutaten für 4 Portionen:
450 g Joghurt mit 1,5% Fett (3 Becher) · 10 g Zitronensaft (1 Eßl.) · 200 g Weintrauben (22 große Beeren) · flüssiger Süßstoff · Zimtpulver

Nährwert pro Portion etwa: 380 kJ/90 kcal
5 g Eiweiß · 2 g Fett · 14 g Kohlenhydrate · 0 g Ballaststoffe · 0 mg Harnsäure

- Zubereitungszeit: etwa 20 Minuten

So wird's gemacht: Den Joghurt mit dem Zitronensaft in einer mittelgroßen Schüssel glattrühren. Die Weintrauben erst heiß, dann kalt abspülen, mit Küchenkrepp trockentupfen, halbieren und die Kerne entfernen. • Die Weintrauben unter den Joghurt mischen und mit Süßstoff abschmecken. Die Mischung auf vier Schälchen verteilen und mit Zimt bestreuen.

Abwandlung für die übrige Familie: Zusätzlich auf jede Portion 1 gehäuften Eßlöffel Schlagsahne setzen.

Mango-Orangen-Gelee

Zutaten für 4 Portionen:
150 g reifes Mangofruchtfleisch (1 weiche, große Frucht) · 250 g Orangensaft (von 3 großen, saftigen Orangen) · 10 g Zitronensaft (1 Eßl.) · flüssiger Süßstoff · 10 g gemahlene weiße Gelatine (5 gestrichene Teel.) oder 5 Blatt weiße Gelatine

Nährwert pro Portion etwa: 220 kJ/50 kcal
1 g Eiweiß · 0 g Fett · 13 g Kohlenhydrate · 1 g Ballaststoffe · 0 mg Harnsäure

- Zubereitungszeit: etwa 20 Minuten
- Kühlzeit: etwa 30 Minuten

So wird's gemacht: Die Mango schälen, das Fruchtfleisch vom Kern lösen und mit dem Orangen- sowie dem Zitronensaft in einer mittelgroßen Schüssel glattrühren. Mit Süßstoff abschmecken. • Die Gelatine nach Vorschrift auflösen und unter die Fruchtmischung rühren. Die Masse auf vier Schälchen verteilen und in etwa 30 Minuten im Kühlschrank fest werden lassen.

Abwandlung für die übrige Familie: Zusätzlich auf jede Portion 1 gehäuften Eßlöffel Schlagsahne setzen.

Quarkklöße mit Kakisauce

Zutaten für 4 Portionen:
2 l Wasser · Salz · 120 g Eier (2 mittelgroße) · 250 g magerer Speisequark · 20 g Mehl (2 gestrichene Eßl.) · abgeriebene Zitronenschale (Schale unbehandelt) · Süßstoff
Für die Sauce: 600 g Kakifruchtfleisch (von 4 großen Früchten) · 20 g Zitronensaft (2 Eßl.)

Nährwert pro Portion etwa: 900 kJ/210 kcal
13 g Eiweiß · 4 g Fett · 31 g Kohlenhydrate · 0 g Ballaststoffe · 1 mg Harnsäure

- Vorbereitungszeit: etwa 25 Minuten
- Garzeit: etwa 15 Minuten

So wird's gemacht: Das Wasser mit Salz in einem großen Topf zum Kochen bringen. Die Eier in Eigelbe und Eiweiße trennen. Die Eigelbe mit dem Quark, dem Mehl, Zitronenschale und Süßstoff nach Geschmack in einer mittelgroßen Schüssel glattrühren. Die Eiweiße zu steifem Schnee schlagen und unter die Masse heben. • Mit zwei Eßlöffeln etwa 12 Klöße vom Quarkteig

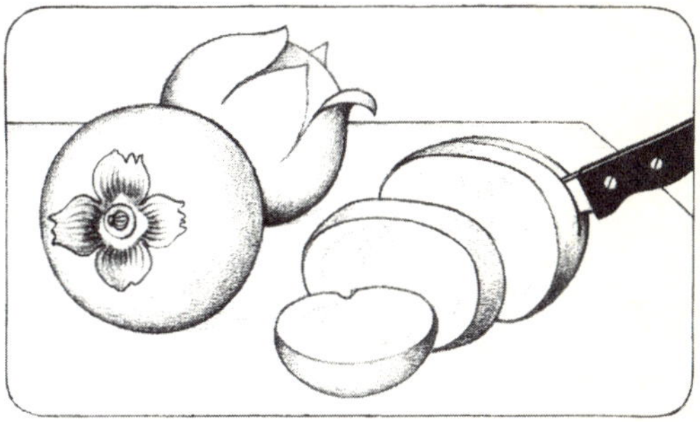

Kakis sehen beinahe aus wie Tomaten und schmecken ähnlich wie Datteln. Sie müssen überreif sein, sonst sind sie zu herb.

abstechen, nacheinander in das kochende Wasser gleiten und etwa 15 Minuten ziehen lassen. • Die Quarkklöße mit der Schaumkelle herausheben, abtropfen lassen und auf Desserttellern anrichten. • Für die Sauce die Kakis abziehen, das Fruchtfleisch in einer Schüssel mit der Gabel zerdrücken und mit dem Zitronensaft glattrühren. Die Kakisauce über die Klöße gießen.

Melone mit Himbeeren

Bild 3. Umschlagseite

Zutaten für 4 Portionen:
500 g Honig- oder Netzmelone, geschält gewogen (½ große Melone) · 20 g Zitronensaft (2 Eßl.) · flüssiger Süßstoff · 300 g Himbeeren, frisch oder tiefgefroren

Nährwert pro Portion etwa: 280 kJ/65 kcal
3 g Eiweiß · 1 g Fett · 14 g Kohlenhydrate · 7 g Ballaststoffe · 0 mg Harnsäure

- Zubereitungszeit: etwa 20 Minuten, ohne Auftauzeit

So wird's gemacht: Die Melone schälen, die Kerne herauskratzen, das Fruchtfleisch kleinwürfeln und in eine mittelgroße Schüssel geben. Die Melonenwürfel mit dem Zitronensaft und Süßstoff beträufeln. • Die Himbeeren vorsichtig waschen, in einem Sieb abtropfen lassen (tiefgefrorene Beeren auftauen lassen) und unter die Melonenwürfel heben.

Abwandlung für die übrige Familie: Zusätzlich 1 Schuß Himbeergeist dazugeben.

Roggenschrotbrot

Zutaten für 1 Kastenform von 30 cm Länge:
200 g Weizenvollkornschrot · 500 g Roggenvollkornschrot · 20 g Weizenkleie · 400 g lauwarmes Wasser · 60 g frische Hefe · 10 g Honig (1 gestrichener Teel.) · 200 g Sauerteig · 10 g Salz (2 gestrichene Teel.) · 20 g Sonnenblumenöl (2 Eßl.)
Zum Kneten: Mehl
Für die Form: 5 g Diätöl (1 Teel.)

Nährwert bei 24 Scheiben pro Scheibe etwa: 460 kJ/110 kcal
4 g Eiweiß · 2 g Fett · 19 g Kohlenhydrate · 3 g Ballaststoffe · 10 mg Harnsäure

- Vorbereitungszeit: etwa 30 Minuten
- Zeit zum Gehenlassen: insgesamt etwa 1¼ Stunden
- Backzeit: etwa 1 Stunde

So wird's gemacht: Das Weizen- und Roggenschrot in eine große Schüssel sieben, mit der Weizenkleie mischen und dann eine Mulde in die Mitte drücken. Von dem lauwarmen Wasser 150 g abmessen, in einer kleinen Schüssel mit der zerbröckelten Hefe und dem Honig verrühren und in die Mulde gießen. Die Teigschüssel mit einem sauberen Geschirrtuch zudecken und den Vorteig an einem warmen Platz etwa 30 Minuten gehen lassen. • Danach das restliche lauwarme Wasser mit dem Sauerteig, dem Salz und dem Öl zum Hefevorteig geben. Alles mischen. Die

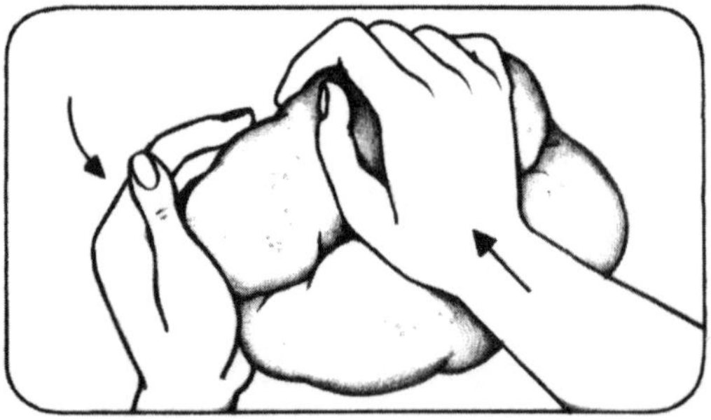

Beim Kneten den Teigballen auf bemehltem Brett mit einer Hand wegdrücken, mit der anderen Hand zurückholen und dabei kneten.

Handflächen mit Mehl bestäuben, den Teig gut mit den Händen durchkneten und zu einem länglichen Laib formen. Die Kastenform mit dem Öl auspinseln und den Teiglaib in die geölte Form legen. Mit dem Geschirrtuch zudecken. Den Teig in der Form abermals 45 Minuten gehen lassen.

15 Minuten vor Beginn der Backzeit den Backofen auf 250° vorheizen. Dann den Laib auf der Oberfläche mit warmem Wasser bestreichen. Den Backofen auf 220° zurückschalten. Die Form in den Backofen (unten) schieben. Rechts und links neben die Form je 1 Tasse mit heißem Wasser stellen, damit sich Dampf bilden kann und die Oberfläche des Brotes nicht aufreißt. Das Brot 1 Stunde backen lassen. • Das gebakkene Schrotbrot aus der Form nehmen und auf einem Gitter abkühlen lassen.

> ***Mein Tip*** Sauerteig kann man frisch beim Bäcker kaufen oder abgepackt als Fertigprodukt.

Möhrenkuchen

Zutaten für 1 Kastenform von 30 cm Länge:
360 g Eier (6 mittelgroße) · 150 g Zuckerrohrgranulat (Reformhaus) · 2 Eßl. heißes Wasser · abgeriebene Schale von 1 unbehandelten Zitrone · 50 g Zitronensaft (5 Eßl.) · 100 g Haselnüsse, feingemahlen · 100 g Sonnenblumenkerne, feingemahlen · 300 g Möhren (3 mittelgroße) · 50 g Weizenkleie · 100 g Buchweizenmehl · 3 g Backpulver (1 gestrichener Teel.)
Für die Form: 5 g Diätöl (1 Teel.)
Zum Bestreuen nach Belieben: 30 g Puderzucker (3 gestrichene Eßl.)

Nährwert bei 20 Stücken pro Stück etwa:
640 kJ/150 kcal
6 g Eiweiß · 8 g Fett · 16 g Kohlenhydrate · 4 g Ballaststoffe · 5 mg Harnsäure

- Vorbereitungszeit: etwa 35 Minuten
- Backzeit: etwa 45 Minuten
- Ruhezeit im Ofen: etwa 15 Minuten

So wird's gemacht: Die Eier in Eigelbe und Eiweiße trennen. Die Eigelbe in eine große Schüssel geben, mit dem Zuckerrohrgranulat, dem heißen Wasser, der Zitronenschale und dem Zitronensaft schaumig rühren. • Den Backofen auf 200° vorheizen. Die Haselnüsse und die Sonnenblumenkerne unter die Schaummasse heben. • Die Möhren putzen, kalt waschen und fein zu den anderen Zutaten in die Schüssel reiben. Die Weizenkleie, das Buchweizenmehl und das Backpulver dazugeben und alles mit dem Schneebesen gut verrühren. • Die Eiweiße zu steifem Schnee schlagen und vorsichtig unter den Teig heben, damit die Masse locker wird. • Die Kastenform mit dem Öl auspinseln, den Teig hineinfüllen und die Oberfläche mit einem Teigschaber glattstreichen. Die Form in den Backofen (unten) schieben, die Temperatur auf 180° herunterschalten und den Kuchen etwa 45 Minuten backen. • Danach den Kuchen noch etwa 15 Minuten im abgeschalteten Backofen (bei geschlossener Tür) stehenlassen. • Den Möhrenkuchen auf ein Kuchengitter stürzen und auskühlen lassen. Den kalten Kuchen wieder auf die richtige Seite umdrehen und nach Wunsch mit dem Puderzucker bestreuen.

Rezept- und Sachregister

Kursiv gesetzte Seitenzahlen verweisen auf Farbbilder.

Literatur

AID Verbraucherdienst: Nr. 1016/1988. 10 Regeln für eine vernünftige Ernährung. Bonn-Bad Godesberg.
Cremer/Aign/Elmadfa/Muskat/Fritzsche, Die Große GU Nährwert-Tabelle 1988/89. Gräfe und Unzer Verlag.
Deutsche Gesellschaft für Ernährung: Richtige Ernährung bei erhöhtem Harnsäurespiegel und Gicht. 1983.
Grüne Liste 1986.
Huth/Kluthe, Lehrbuch der Ernährungstherapie. 1986.
G. Wolfram, Hyperurikämie und Gicht. Thieme Verlag.
Kasper, Ernährungsmedizin und Diätetik. 6. Aufl. 1987. Verlag Urban und Schwarzenberg.
Kleine Nährwert-Tabelle der Deutschen Gesellschaft für Ernährung. 34. Aufl. 1988. Umschau Verlag.
Lebensmittelverarbeitung im Haushalt. 4. neubearb. u. erw. Aufl. Verlag Eugen Ulmer.
Wolfram/Reinhard/Tick, Ernährung bei Gicht und Hyperurikämie. 2. überarb. Aufl. 1982. Thieme Verlag.

Ein Dessert, das wenig Mühe macht, geschmacklich und optisch aber unübertrefflich ist, bereiten Sie mit Melone und Himbeeren zu. ▷
Rezept Seite 68.